AF243272

PROPHÉTIES

PAGES DÉTACHÉES

D'UN

LIVRE SANS NOM

1870-1871

Ne voit-on pas l'Avenir se ruer sur le Présent?..
Le Présent, il tombe dans l'abîme du passé!....

Sont-ils bien sensés, en vérité, ceux-là qui, ayant
constamment les yeux tournés vers le passé qui fuit,
l'escortent de leurs regrets inutiles, et ne savent pas
trouver, dans les temps qui ne sont plus, un enseignement salutaire pour l'avenir qui sera?

Qu'ils lisent donc et qu'ils méditent ce qui est
écrit, s'ils ne savent pas lire dans les faits.

?

PARIS

E. DENTU, LIBRAIRE-ÉDITEUR

PALAIS-ROYAL, 17 ET 19, GALERIE D'ORLÉANS

—

1871

PROPHÉTIES

PROPHÉTIES

PAGES DÉTACHÉES

D'UN

LIVRE SANS NOM

1870-1871

LES TEMPS SONT VENUS

Ne voit-on pas l'Avenir se ruer sur le Présent ?.
Le Présent, il tombe dans l'abîme du passé !...

Sont-ils bien sensés, en vérité, ceux-là qui, ayant
constamment les yeux tournés vers le passé qui fuit,
l'escortent de leurs regrets inutiles, et ne savent pas
trouver, dans les temps qui ne sont plus, un enseignement salutaire pour l'avenir qui sera ?

Qu'ils lisent donc et qu'ils méditent ce qui est
écrit, s'ils ne savent pas lire dans les faits.

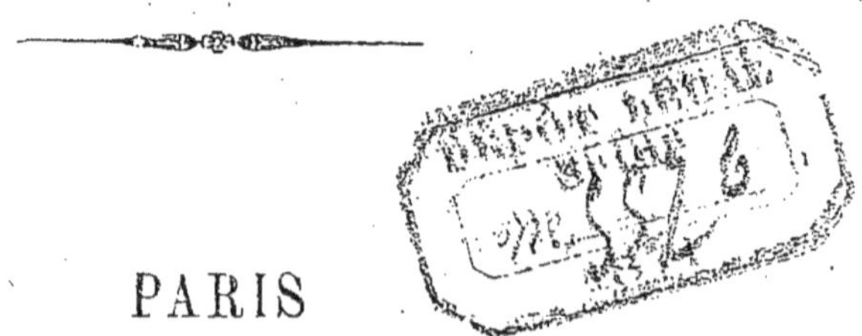

PARIS

E. DENTU, LIBRAIRE-ÉDITEUR

PALAIS-ROYAL, 17 ET 19, GALERIE D'ORLÉANS

—

1871

Les prophéties, paroles de l'Éternel, sont des avertissements donnés aux nations, des menaces faites aux rois et aux princes injustes, des malédictions contre les principaux du peuple qui trahissent sa confiance et faillissent à leurs devoirs. Les prophéties justifient les châtiments qui pèsent sur les peuples tombés dans le péché, et elles promettent la rédemption aux peuples qui se repentent et se proposent fermement de s'amender.

Les Prophètes des temps anciens n'ont donné aucune règle précise de conduite, parce que le Décalogue de Moïse contenait pour eux toute la loi. Et c'est parce que le Décalogue, en contenant beaucoup sous peu de mots, précise peu, que le peuple israélite a pu tomber souvent dans le péché ; car il y avait parmi eux des docteurs et des scribes qui connaissaient les lois et les pratiques des étrangers, et ils ne pouvaient s'empêcher d'y avoir recours ; et, en y recourant, ils entraînaient avec eux les multitudes crédules, ignorantes et craintives.

Mais si les Prophètes avaient formulé nettement des préceptes pratiques, ils ne nous seraient pas aujourd'hui d'une grande utilité, car les temps et les lieux sont bien différents, et les peuples et les mœurs et les industries sont changés.

Les principes sont fixes et invariables. Ils ne changent pas, et ils restent tout entiers dans les prophéties.

Et les principes au nom desquels les *Prophètes* ont parlé sont les principes de *Justice*.

Et de l'observation des principes de Justice ou de leur violation, il résulte pour les peuples ou la Paix, ou la Guerre.

Et il importe aux peuples non-seulement de connaître les principes de Justice et d'en garder l'observation, mais il faut aussi que les peuples soient mis en état de soutenir la Guerre et de la faire.

Car il est possible que tel peuple voisin viole contre lui les principes qu'il met en pratique vis à vis des autres. Et il faut qu'un peuple sache jouir dignement dans l'état de paix, comme il faut qu'il sache combattre vaillamment dans l'état de guerre.

Et il ne faut pas qu'il abuse des avantages de la victoire ; et il ne faut pas qu'il se laisse corrompre par les délices, de peur d'y perdre ses vertus et d'y affaiblir sa puissance ; car, en perdant ses vertus, il affaiblit sa puissance.

Et le peuple dont la puissance est évanouie perd la paix qui lui est chère. Et s'il a perdu ses vertus, il est anéanti, et l'Étranger le foule aux pieds...

C'est pourquoi la Mission des Prophètes, dans les temps modernes, est d'enseigner aux peuples à pratiquer la *Justice*, à soutenir la *Guerre* et à jouir de la *Paix*, et cela en obéissant à la *loi universelle* de l'homme, qui est le Travail.

Or, le travail produit et donne droit à la consommation.

Et l'homme est différent des animaux qui se bornent à consommer ce que la nature produit. Et quand les produits de la nature font défaut à l'animal, l'animal périt ; mais quand les produits de la nature font défaut à l'homme, celui-ci, par sa vertu et son travail, force la nature, et elle produit.

Et c'est la mission de l'homme sur la terre.

Et il faut qu'il connaisse la nature pour savoir obtenir d'elle ce qu'elle peut donner.

C'est parce que le travail est la condition d'existence de l'homme qu'il recherche son semblable pour unir efforts à efforts.

Et l'homme forme ainsi des sociétés.

Et il échange avec son semblable les produits du travail de ses mains et les fruits de ses labeurs, et les hommes s'enrichissent ainsi.

Et il échange avec son semblable les connaissances qu'il a acquises sur les choses en les pratiquant, et ils augmentent ainsi leur puissance.

Et l'homme échange ses idées avec les idées de son semblable, et ainsi les hommes se perfectionnent, et ils fondent, sur des idées reçues, des sociétés qui seront solides et ne périront pas si les idées sont vraies ; mais les sociétés qui sont fondées sur des idées injustes et fausses et qui méconnaissent les principes de Justice périront.

C'est pourquoi il est écrit pour l'homme : « Lis et instruis-toi, médite les Écritures et observe les faits ; connais-toi toi-même et connais ton semblable ; perfectionne ton esprit, fortifie ton corps et élève ton cœur. »

L'homme qui comprend la *Parole des prophètes* est intelligent. L'homme qui sait gagner son pain honorablement est déjà instruit. Mais l'homme qui connaît tous ses devoirs et sait les remplir est un homme de bien.

Et les *Paroles* qui suivent sont des *Paroles prophétiques*.

Elles sont adressées à la Nation grande qui a méconnu le principe de sa grandeur, à la Nation forte qui a oublié le principe de sa force, à la Nation généreuse qui s'est abandonnée à des craintes puériles, qui s'est laissée aller, avec une indifférence coupable, aux courants contraires des passions et des intérêts, et qui enfin, avec une confiance trop aveugle, s'est jetée dans les bras de sauveurs aventureux et d'amis perfides. Ils l'ont livrée sans défense aux mains d'implacables ennemis.

PROPHÉTIES

I

O France, regarde !

Regarde l'étendue de tes maux. Sonde la profondeur de tes plaies. Vois tes misères, supporte-les noblement, et jure de les réparer.

Mais n'accuse personne de tes maux, et garde-toi de pleurer sur eux, comme font les enfants ; et ne t'exalte pas, comme les faibles, en colères inutiles ; mais recherche la cause de tes maux et panse tes plaies en silence.

Les maux que tu souffres, ô France, ils te sont infligés par la logique inexorable des faits.

Ils sont grands les maux qui t'accablent, elles sont sanglantes et profondes les plaies qui labourent ton sein, car elles sont nombreuses et inouïes les fautes que tu as commises.

Mais les efforts de tes enfants répareront tes fautes, et leurs mains guériront tes plaies, et tes maux s'évanouiront si, de tes enfants, tu sais faire des hommes qui soient hommes par le cœur et par le sang ; des hommes qui soient hommes par la volonté et par le courage, et non pas hommes par l'ambition et la passion ; des hommes qui soient hommes par l'honneur et la probité, et non pas hommes par la ruse, la fraude et la violence ; des hommes qui soient hommes par l'amour du devoir et par le dévouement, et non par la soif des honneurs et l'avidité des jouissances.

Tu as été frappée, ô France, pendant ton sommeil! le sais-tu? Tu dormais, ô France, d'un sommeil funeste, et tu croyais veiller debout. Tu étais couchée sur des pavots à l'ombre d'un upas, et tu te croyais abritée sous des lauriers.

Et croyant frapper, toi, tu étais frappée toi même ; mais la douleur t'éveilla, et tu crus alors rêver sous un cauchemar trompeur ; et tu te cherchais toi-même, et, comme dans un cauchemar, tu ne te trouvais pas ; et tu appelais tes enfants, et, comme dans un cauchemar, tu entendais, sourde, étouffée, la voix de tes enfants ; ils ne venaient pas.

Et tu te débattais comme dans un cauchemar on se débat, et, comme dans le cauchemar, tes membres étaient lourds et mous, et tes mouvements empêchés dans d'invisibles entraves ; et tu voulais crier, et ta voix sans écho s'étouffait en ton sein oppressé. Et cependant tu étais frappée toujours et tu tombais sanglante, et, toujours frappée mais non vaincue, tu te relèves encore, et tes enfants accourent.

Les voilà tous ces ouvriers de la paix, surpris par la guerre ; ils se font ouvriers de la guerre. Et la ville du luxe et des plaisirs se fait la ville des pénibles labeurs, des dures privations. Et la ville insouciante et gaie se fait la ville de l'austère résistance. Et les ouvriers du luxe énervant deviennent les ouvriers du génie de la défense.

Quoi! ces bijoutiers, ces orfèvres, ces ciseleurs, ces faiseurs de bibelots inutiles si follement enviés, vont changer dans leurs mains délicates les limes en carreaux, les presselles en tenailles, les maillets en lourds marteaux ; ces fondeurs de sonnettes vont fondre des canons ; ces horlogers, ces serruriers, ces ébénistes, ces carrossiers, vont fabriquer des fusils, faire des affûts et des caissons.

Ces mains, qui ne savent que toucher une plume ou manier un crayon, conduire une équerre, ouvrir un compas, vont servir et vont pointer les canons. Ceux-là qui, sous l'ébauchoir, animent l'argile docile, vont manier la pioche et la pelle, creuser des tranchées, élever des épaulements. Ceux-là qui, d'un pinceau léger, caressant une toile, font sous de brillantes couleurs naître de gracieuses images, vont, avec tant d'autres arrachés à leur comptoir, à leurs affaires, à leurs habitudes, à leurs affections, sous la discipline d'un vieux sergent ou d'un jeune caporal, apprendre la manœuvre du chassepot et l'école du soldat pour passer devant l'ennemi la revue du citoyen armé pour la défense. Folie! Paris ne peut se défendre; vous rêvez. Non, c'est la France qui se réveille.

II

Et voici maintenant l'heure terrible. Une heure étrange a sonné contre la France, c'est l'heure du châtiment.

Car tu as beaucoup péché, ô France, et tu as péché par orgueil, et tu as péché par ignorance.

Mais parce que tu n'as pas péché par perversité, le châtiment te lavera de tes péchés, et, abattue devant les nations, tu te relèveras devant elles. Mais tu as péché par orgueil, parce que, plus qu'aucune autre nation, tu as accompli les choses qui donnent la fausse gloire; et tu t'es enorgueillie dans leur accomplissement; et tu t'es enivrée des résultats des choses vaines pour toi et humiliantes pour les autres nations.

Mais tu n'avais pas de fiel dans le cœur et tu frappais sans haine.

Mais tu triomphais et cela te suffisait, ô France!

Mais tu aurais dû repousser le triomphe avec modestie et chercher un enseignement dans les défaites des nations; mais c'est parce que tu ne l'as pas fait et que tu n'as pas su le faire, que tu t'es crue grande et invincible.

Et parce que tu as péché par ignorance, le châtiment t'enseignera sur toi-même ce que tu n'as pas su apprendre dans les malheurs des nations. Et si tu es digne, tu apprendras dans tes propres malheurs présents à en éviter de plus grands encore.

Ainsi, dans ton orgueil, tu as oublié le devoir et tu as péché contre la Justice et le Droit; dans ton ignorance, tu as méconnu la vérité, tu as prêté une oreille complaisante au mensonge, à la flatterie, à la calomnie, et tu as péché contre toi, contre tes intérêts.

Et, Reine aveugle et crédule, tu as abdiqué ta dignité, tu as compromis ta propre existence.

III

Et voilà, ô France, folle dans tes colères, insensée dans tes joies, stupide dans tes terreurs, aveugle, confiante dans tes fausses sécurités, tu es, sans le savoir, sublime dans tes revers.

Pourquoi donc alors, et toujours, appelles-tu des messies? N'es-tu pas ton messie?

- Pourquoi donc tes mains font-elles des Idoles de bois,

de pierre et de fange? Tu leur fais des armatures de fer et tu les consolides avec du plomb. Et tu dis : Voilà un Dieu, et c'est la Force, et j'adorerai la force, et tu recouvres le tout avec de l'Or, et tu dis : Ceci est beau, et le Beau est l'image du Bien; c'est un Dieu, et j'adorerai le Bien dans cette image !

Et, France idolâtre, tu adores les idoles de tes mains.

Ces idoles n'ont pas de Vertu, elles n'ont de force que le fer et le plomb.

Elles n'ont pas de Beauté, elles n'ont de formes que celles que tu as données à la pierre et au bois docile, la forme que prend la boue si facile à pétrir, la boue qui happe avec tant d'avidité les minces feuilles d'or qu'on en approche.

Et voilà, tu as donné à tes idoles des noms selon tes passions ou selon tes terreurs, et tu t'es prosternée et tu as encensé ces idoles, les idoles de tes mains, et tu as dit : Voilà des Dieux.

Mais tu as pris partout le signe pour la chose et l'image pour la réalité.

Et cependant les prophètes ont parlé. Mais tu n'as pas reconnu Isaïe. Et les paroles de Jérémie ont excité tes rires de pitié. Et quand Daniel s'est présenté pour t'expliquer *Mané Tecel Pharès*, dont les éclairs frappèrent à peine tes yeux distraits, Toi, ô France, comme Balthazar sensuel et insensé, Toi, troublée comme lui dans les impures délices de ta fausse sécurité, tu faisais jeter le prophète dans la fosse aux lions.

Tu as péché, ô France, contre les prophètes, mais tu as été docile à la voix de ces prophètes que les faux Messies poussent devant eux et traînent à leur suite.

Et ces prophètes-là ils ont dit à ton peuple : Peuple, tu

es souverain, et chacun de ton peuple a cru être un Roi.

Et les perfides ont exploité l'erreur de ceux-ci, et ils ont flatté les masses, et les masses ont cru en eux, et, ignorantes et crédules, semblables aux Rois qu'on loue, elles ont écouté leurs discours et sont entrées dans leurs voies.

Et, quand les prophètes sont venus pour dire la vérité à ton peuple, ton peuple, habitué au mensonge, n'était pas préparé pour la vérité.

Et, se croyant Roi, la vérité lui déplaisait déjà, comme elle déplaît aux Rois. Et c'est pourquoi, parce que la vérité déplaît souvent à ceux à qui elle importe, elle sera dite et répétée par la voix, et la plume l'écrira, et ton peuple l'entendra, et les générations à venir la connaîtront.

Et si ton peuple entend la parole et reconnaît la vérité, s'il reçoit les conseils de la sagesse, il sera sauvé.

Mais toi, ô France, comme le Pharaon ignorant, tu t'es laissé surprendre aux artifices des faux prophètes et tu as cru à leurs prodiges. Tu as accepté leurs prophéties et tu es entrée dans les voies tortueuses sans voir là où elles conduisent; tu es arrivée à l'abîme.

Et voici : tu as été livrée aux renards et aux vampires, qui le jour, qui la nuit, ont sucé le plus pur de ton sang. Puis les loups ont dévoré ta chair. Et les hyènes affamées se jettent sur les derniers lambeaux restés à tes os. Et les hyènes broient tes os sous les dents aiguës de leurs mâchoires inexorables.

Mais qu'attendent donc encore après cela les vautours qui planent dans les airs, et ces corbeaux qui s'assemblent sur des monticules? Ils attendent que, de tes restes purifiés par le feu de la foudre, la France ressuscite de ses cendres !

IV

Mais, ô France, sont-ils venus à ton appel tes enfants ? Ne les as-tu pas appelés, tes enfants, quand tu t'es sentie frappée ? De quelle voix as-tu appelé tes enfants ?

Où étais-tu, ô France ! n'étais-tu pas couchée sur des pavots à l'ombre d'un Upas ? et tu rêvais endormie.

Et tu disais : Voici ; je vais frapper mon ennemie qui s'approche, je vais, je la frappe. Mais tu rêvais, et tu as été frappée engourdie dans le sommeil de mort au milieu de ton rêve de vie.

Mais ta tête était-elle armée du casque de Minerve ? Non, un épais chignon de cheveux morts, bourré de crin, attifé de rubans et de verroteries, affublait ta tête ; elle est volumineuse, mais elle est vide.

Tu n'as pas sur ta poitrine la redoutable égide donnée par Hercule à la fille de Jupiter ; mais ton sein est nu, tes épaules et ton cou sont mal protégés par ces légers tissus de dentelles et de gaze ornés de vains joyaux et de fleurs éphémères.

Et la blanche tunique de lin de la chaste Déesse, tu l'as remplacée par de riches étoffes de soie façonnées en jupes multiples dont les plis amples à l'excès sont rendus plus volumineux encore par ces cages métalliques, ces bâtardes des vaines crinolines dont elles ont usurpé le nom. Volume et Vent, creuse Vanité, pauvre Richesse, misérable Somptuosité ! Le caprice a chassé le goût.

Mais les sandales de l'austère déesse, qui affermissent le pied là où il pose, tu les a remplacées, ô France vaniteuse et futile, par de faibles bottines où tes pieds sont prisonniers ; tu t'es rapetissée en te guindant sur ces hauts et grêles talons. Ils tournent et s'éculent sous le poids, et tu chancelles. Méchantes échasses qui permettent de marcher dans la crotte.

Et la lance redoutable de la déesse guerrière ! quoi donc la remplace en tes mains ? Les ongles de tes doigts sont devenus longs, ils sont fragiles ; tu agites avec nonchalance les plumes de la queue d'un paon artistement assemblées, belle arme, terrible aux mouches indiscrètes.

Et la petite chouette, silencieuse compagne de Minerve, son œil est vif, son regard est subtil, son plumage fin n'a que de sobres couleurs : qui remplace à tes côtés la petite chouette attentive ? On voit : c'est un lourd oiseau, il marche lourdement, il s'aide de son gros bec crochu comme d'un béquillon, son plumage est rapiécé de couleurs criantes, dures et crues. Oiseau bavard, il crie des mots sans suite, il ne les comprend pas. Ta chouette, ô France, ta sentinelle éveillée, c'est un oiseau bruyant, c'est un perroquet chamarré.

Et le Bouclier rond de la Déesse, avec la tête de Méduse au centre qui pétrifie les ennemis, tu l'as remplacé par un miroir, et c'est le miroir de la vanité. Et c'est ta tête défigurée, ô France, que, peinte et maquillée, tu as vue là au milieu. Et devant cette image inattendue d'une nouvelle Gorgone, tu es restée pétrifiée toi-même, ô France, et tu n'as pas crié. Et le miroir n'est pas tombé de tes mains, et tu ne l'as pas jeté loin de toi pour le briser, et tes mains ne se sont pas crispées sur tes atours volumineux, embarrassants et menteurs, et tu ne les as pas arrachés avec colère.

— Mais tu as dit : Voici, je suis belle ! et tu as dit : Je suis belle sur les Nations, et les nations seront jalouses de moi ; je suis la Reine des nations.

V

Et l'Étranger est venu pour voir, et il a vu, car tu as dit : Voyez.

Et il a pris, car tu as dit : Prenez.

Et l'Etranger a dit : Je reviendrai, et je prendrai, car j'ai vu.

Et tu t'es prostituée à l'Etranger, comme les filles de Sion se sont prostituées à l'étranger en méprisant la voix des prophètes.

Ne savais-tu pas, ô France, ce que l'Eternel a dit à Israël par la bouche d'Isaïe ? L'Eternel a dit par la bouche d'Isaïe (chap. III, v. 16-25) : « Parce que les filles de Sion se sont « élevées et ont montré la gorge tendue, et en faisant « des signes des yeux, et qu'elles ont marché à petits pas « faisant du bruit avec leurs pieds, l'Eternel pèlera le « sommet de la tête des filles de Sion et il découvrira leur « nudité. Et en ce temps-là le Seigneur ôtera l'ornement « des sonnettes, et les agrafes, et les boucles ; les petites « boîtes et les chaînettes, et les papillotes, les atours et « les jarretières, et les rubans, et les boîtes à parfum, et « les pendants d'oreilles, les anneaux et les bagues de « senteur qui pendent sur le front, les mantelets et les « écharpes, et les voiles et les poinçons ; et les miroirs « et les crêpes, et les tiares et les couvre-chefs. — Et il « arrivera qu'au lieu des odeurs aromatiques il y aura de « la puanteur, et au lieu d'être ceintes, elles seront dé-

« braillées ; et au lieu de cheveux frisés, elles auront la
« tête chauve ; et au lieu de ceintures de cordon, des cor-
« des de sac ; et au lieu de beau teint, un teint hâlé. Tes
« gens tomberont par l'épée, et ta force tombera par la
« guerre. »

Mais toi, ô France, pourquoi t'es-tu faite à l'image des
petites dames ? Pourquoi, comme une petite Parisienne
grimpée sur de hauts talons, n'as-tu vu dans tes enfants
que des Bébés ? Malheur à la mère pour qui l'enfant n'est
qu'un Bébé, il ne sera pas un homme, mais un gandin.

Mais toi, ô France, n'as-tu jamais lu les paroles de
l'Éternel quand il dit à Jérémie (chap. xi, v. 22) : « Mon peu-
« ple est insensé, ils ne m'ont point connu, ce sont des
« enfants fous et qui n'ont point d'entendement ; ils sont
« habiles à faire le mal, mais ils ne savent pas faire le
« bien ? »

Et plus loin l'Éternel dit à Jérusalem : « Et quand tu
« seras détruite, que feras-tu ? Quoique tu te revêtes
« de pourpre et que tu te pares d'ornements d'or et que
« tu te peignes les yeux avec du fard, tu t'embellis en
« vain ; ceux qui t'ont aimée te méprisent ; ils cherche-
« ront ta vie. »

Et toi, ô France, vaine de tes trésors et crédule à la voix
des flatteurs, tu as appelé les étrangers et tu leur as
ouvert tes portes, et tu as étalé à leurs yeux tes trésors.
Tes trésors réels et tes faux trésors, l'Étranger les a vus ;
il y a plongé ses yeux, il y a plongé ses mains ; il a puisé
discrètement dans tes faux trésors et tu as abandonné tes
trésors réels.

Et l'Étranger s'est dit : Je reviendrai. Et tu t'es prostituée à l'Étranger, et tu lui as ouvert toutes tes portes,
les portes hospitalières. Et tu as ouvert à l'Étranger

tes portes à deux battants. Et tes enfants, ils passaient par le petit guichet.

C'étaient les établissements nationaux de tous genres, et les monuments publics. Voici les étrangers, qu'on ouvre, qu'ils entrent. Voici les nationaux, qu'ils attendent.

C'étaient les portes d'or. Les emplois, les dignités, les honneurs. Voici les étrangers, ont-ils leurs étiquettes? qu'ils entrent. Voici les nationaux, qui donc les recommande?

C'étaient les portes d'argent et les portes de fer. Aux administrations, aux entreprises commerciales, aux banques, aux boutiques, aux usines, aux fabriques, aux ateliers, aux chantiers de la marine, et dans les arsenaux et aux champs et partout. Mais voici les étrangers, qu'ils entrent. Mais voici les nationaux. Les nationaux! c'est bien, qu'ils attendent, nous en avons assez déjà.

Et voilà, ô France, tu as péché contre la justice et le droit. Tu as péché contre le vrai et contre ton intérêt. Et tu t'es prostituée à l'Étranger. Et l'Étranger s'est enlacé dans tes membres, et il s'est ébattu sur ton sein, et il a insinué le moins pur de son sang dans tes veines par les morsures de ses perfides baisers.

Et tu t'es crue aimée, ô France, mais tu étais haïe et méprisée.

Et c'est là ton châtiment, parce que tu as méconnu, tu as haï, tu as méprisé ceux-là qui t'aimaient et qui te disaient : Quitte, ô France, ces oripeaux, et ces luxueuses guenilles, tu es méconnaissable, elles te déguisent, elles te font semblable à ces filles du demi-monde, petites dames perdues d'un petit grand monde; et, comme toi, les honnêtes mères les ont imprudemment copiées. O France, rejette ces riches guenilles et repousse ces menteurs hypocrites qui perdent tes enfants.

Mais la voix n'arrivait pas à tes oreilles assourdies par. les bruits de l'orgie et les fausses harmonies des harpes dorées.

Mais folle insensée, ô France à la chevelure brune, tu regardais de tes yeux noirs et le sourire sur tes lèvres peintes. Tu regardais ta blonde rivale maintenant ton ennemie.

Elle essayait timidement le casque de Minerve, puis elle le déposait disant : Il est lourd, le casque. Puis elle essayait l'égide, elle est dure, l'égide ; puis la lance, à deux mains, n'est-ce pas, ma sœur ? disait la blonde. Et toi tu souriais de ton sourire.

Mais un jour la blonde en armes brandit la lance et frappe son ennemie. Est-ce cela, ma sœur ? et ne souriais-tu pas aux débuts de la blonde ? ses yeux sont bleus, son regard, le connais-tu ?

C'est la farouche Germanie ; ses doctrines sont implacables ; elle est tatouée d'algèbre et de géométrie ; elle vient, avec l'arc et les flèches des temps modernes, te demander compte de ton insouciance, de ton ignorance, de ta stupide confiance et de tes défiances plus stupides encore.

Mais ne l'entends-tu pas, de sa voix gutturale, t'apprendre à parler français ? Reconnais-tu la Blonde des luttes pacifiques du dix-neuvième siècle ? La reconnais-tu la Blonde des congrès scientifiques ? La reconnais-tu la Blonde qui porte d'une main le drapeau des nationalités et de l'autre celui du cosmopolitisme ? C'est la Blonde qui sent et qui pense comme une formule algébrique, et qui agit comme un engrenage. C'est la blonde Marguerite,

la douce amante de Faust, ressuscitée par Méphisto-
phélès.

VI

Mais il faut, ô France, que ton peuple se connaisse, et
il ne se connaît pas. Et il faut qu'il connaisse les peuples
des nations étrangères, et il ne les connaît pas.

Il ne sait pas d'où il vient ton peuple; il ne sait qui il
est; il ne sait pas où il va Il ne se connaît pas; il ne
connaît pas sa force; il ne sait pas en quoi elle consiste;
il ne connaît pas sa faiblesse; il ignore son ignorance
même. Et sa confiance vient, non de la conscience de sa
force, mais de l'assurance que donne l'ignorance.

Il a la témérité de l'enfant qui ignore le danger; et, devant l'obstacle, il reste interdit, se dépite et s'abat. Et voici
qu'un ennemi se dresse devant lui, et il ne sait pas pourquoi.

Il est surpris, il croit que tous les peuples lui sont
amis; parce qu'il est incapable de haine, il croit que les
autres sont sans haine. Et il ne croit pas même à la haine
de celui qui s'est dressé en ennemi devant lui. Il ne voit
en cela qu'un accident passager.

Il méprise son ennemi et le méconnaît; il s'indigne, il
frappe; si son coup porte il est victorieux, et tout est dit;
il relève son ennemi, l'embrasse et panse sa blessure;
mais il ne connaît pas son ennemi, et son ennemi le connaît bien. Et son ennemi le tâte et le mesure; et son ennemi ne le méprise pas, mais il le déteste et l'exècre,
parce qu'il le sent plus noble, plus généreux; mais la noblesse de ton peuple, sa bravoure et sa générosité seront

les auxiliaires les plus puissants des armes de l'ennemi.
Et ton peuple ne sait pas cela, car il ne connaît pas son
ennemi.

Il ne sait pas d'où il vient; il ne sait pas qui il est; il ne
sait pas où il va. Mais ton peuple est ignorant de ce qu'il
doit savoir, parce qu'il sait les choses qui sont inutiles,
vaines et futiles.

Et s'il ignore ce qu'il doit savoir, et s'il sait ce qu'il
devrait ignorer, et s'il croit ce qui n'est pas à croire,
et s'il ne sait pas découvrir la vérité dans les choses et
dans les faits, dans les êtres et dans les personnes, c'est
parce que les principaux de ton peuple ont failli à leur
mission. Ils ont manqué à leurs devoirs, et ils seront
pour cela maudits dans l'avenir comme dans le présent,
parce qu'ils ont semé les ténèbres et l'ignorance, parce
qu'ils ont perverti le goût du beau et le sens moral du
bien. Et la parole des prophètes retombera sur eux avec
la malédiction des peuples.

C'est pourquoi il faut aujourd'hui que ton peuple sache
ce que les prophètes ont dit autrefois à un peuple qui,
comme le tien, a été élu, qui comme lui est tombé dans
le péché, et qui a été frappé dans le péché, qui a été dispersé et demeure dispersé, car il est inutile le châtiment
qui ne profite à personne. Et il faut que l'exemple des
nations serve maintenant aux nations.

Et voici maintenant des paroles de prophètes. Elles
sont celles d'Isaïe, de Jérémie, d'Ézéchiel et de Daniel.
Mais il ne sait pas lire celui qui, dans les paroles des
prophètes, ne voyant que des mots, n'en sait pas découvrir le sens caché.

Et ces paroles-ci sont les paroles écrites par Isaïe,
2596 ans avant la calamité présente :

« 1. La vision d'Isaïe, fils d'Amots, qu'il a vue tou-
« chant Juda et Jérusalem, au temps d'Hozias, de Jo-
« tham, d'Achaz et d'Ézéchias, rois de Juda.

« 2. Vous, cieux, écoutez, et toi, terre, prête l'oreille :
« J'ai nourri des enfants et je les ai élevés ; mais il se sont
« rebellés contre moi.

« 3. Le bœuf connaît son possesseur et l'âne la crèche
« de son maître ; mais Israël n'a point de connaissance ;
« mon peuple n'a point d'intelligence.

« 4. Ha ! nation pécheresse, peuple chargé d'iniquités,
« race de gens malins, enfants qui ne font que se corrom-
« pre ! ils ont abandonné l'Éternel, ils ont irrité avec mé-
« pris le saint d'Israël ; *ils sont retournés en arrière.*

« 5. Pourquoi seriez-vous encore battus ? Vous ajou-
« terez la révolte ; toute la tête est en douleur et tout le
« cœur est languissant.

« 6. Depuis la plante du pied jusqu'à la tête, il n'y a
« rien d'entier en lui ; mais il n'y a que blessure, meur-
« trissure et plaies purulentes, qui n'ont point été net-
« toyées ni bandées, et dont pas une n'a été adoucie
« avec l'huile.

« 7. Votre pays n'est que désolation et vos villes sont
« en feu ; les étrangers dévorent en votre présence votre
« pays, et cette désolation sera comme une ruine faite
« par des étrangers. » (ISAÏE, chap. I, ⍦ 1 à 8.)

Et le Prophète s'élève contre les pratiques religieuses
et les sacrifices. Il écrit :

« 11. Qu'ai-je à faire, dit l'Éternel, de la multitude de
« vos sacrifices ? Je suis rassasié d'holocaustes, de mou-
« tons et de graisse des bêtes grasses ; je ne prends point

« de plaisir au sang des taureaux, ni des agneaux, ni des
« boucs.

« 12. Lorsque vous entrez pour vous présenter devant
« ma face, qui a requis cela de vous, que vous fouliez de
« vos pieds mes parvis?

« 13. Ne continuez plus de m'apporter des oblations
« de néant; le parfum m'est en abomination ; et pour ce
« qui est des nouvelles Lunes et des Sabbats et de la pu-
« blication de vos convocations, je n'en puis plus porter
« l'ennui, ni de vos assemblées solennelles.

« 14. Mon âme hait vos nouvelles Lunes et vos fêtes
« solennelles ; elles me sont fâcheuses, je suis las de les
« souffrir.

« 15. C'est pourquoi, lorsque vous étendrez vos mains,
« je cacherai mes yeux de vous ; même lorsque vous mul-
« tiplierez vos requêtes, je ne les exaucerai point ; vos
« mains sont pleines de sang... »

Et le Prophète montre en quoi consistent les œuvres
méritoires et les mauvaises actions. Il montre le châtiment, il fait entrevoir la rédemption.

« 16. Lavez-vous, nettoyez-vous ; ôtez de devant mes
« yeux la malice de vos actions ; cessez de mal faire.

« 17. Apprenez à bien faire ; recherchez la droiture ;
« protégez celui qui est opprimé ; faites justice à l'orphe-
« lin ; défendez la cause de la veuve.

« 18. Venez maintenant, dit l'Éternel, et débattons nos
« droits. Quand vos péchés seraient comme le cramoisi,
« ils seraient blanchis comme la neige ; et quand ils se-
« raient rouges comme le vermillon, ils deviendraient
« blancs comme la laine.....

« 23. Les principaux de mon peuple sont rebelles, et
« ce sont des compagnons de larrons. Chacun d'eux aime
« les présents, ils courent après les récompenses, ils
« ne font point droit à l'orphelin, et la cause de la veuve
« ne vient pas devant eux.

« 24. C'est pourquoi le Seigneur, l'Éternel des armées,
« le Puissant d'Israël dit : Ah ! je me satisferai en punis-
« sant mes adversaires, et je me vengerai de mes en-
« nemis.

« 25. Et je remettrai ma main sur toi. Et je refondrai
« au net ton étain et j'ôterai ton écume.

« 26. Et je rétablirai tes *juges* tels qu'ils étaient autre-
« fois; et tes *conseillers* tels que du commencement.
« Après cela on t'appellera CITÉ DE JUSTICE, VILLE FIDÈLE.

« 27. Sion sera rachetée par le Jugement, et ceux qui
« y retourneront seront rachetés par la Justice... »

Or, Isaïe écrivait cela pendant le temps où des rois ré-
gnaient sur la Judée et sur les peuples d'Israël. Il mena-
çait les rois du rétablissement des juges et des conseillers
du peuple..... Lis, ô peuple de France, si tu veux, et médite le livre des Juges, et tu comprendras toute la portée
de la menace du prophète. Lis le livre du prophète Isaïe.
Au chapitre II, il prophétise déjà la paix universelle. Il
menace les orgueilleux et les superbes. Il s'élève contre
l'anarchie et contre les méchants. Il blâme le luxe, et il
s'indigne contre la prostitution. Au chapitre III, il s'élève
contre l'intempérance, contre la perversité..... Lis,
ô peuple, et médite les prophéties d'Isaïe contre la Judée
et contre les Assyriens, ennemis des Juifs, et tu seras
conduit à faire de singuliers rapprochements. Vois les

causes de la ruine annoncée de Babylone. Lis, ô peuple, et médite les écrits de Jérémie; lis le livre d'Ézéchiel, lis le livre de Daniel.

Mais tu n'as plus le temps de lire, tu le crois, ô peuple, parce que tu es dans ton acte d'agir. Mais, en vérité, si le temps presse, la nécessité contraint, et tout mouvement irréfléchi est funeste.

Mais tu es debout, ô peuple, et tu marches. Et quand le peuple se lève, il marche comme il est tourné, et maintenant tu es tourné vers l'avenir. Mais ne te précipite pas vers l'avenir, car il vient et il vient rapidement; ne crains pas qu'il t'échappe, il t'appartient.

Te voici, tu marches; as-tu regardé derrière? jettes-y les yeux; regarde à droite; regarde à gauche; regarde en face. Vois ton but. Il s'agrandit à tes yeux, car il s'approche, prends garde au choc. L'avenir marche comme la vapeur.

VII

Mais tu veux vivre en République, ô Peuple bon, simple et crédule, parce qu'on t'a dit : La République assurera tes droits. Et tu l'as cru.

Mais tes devoirs envers la République, qui t'en a parlé? les connais-tu? Sais-tu cette vérité, que le droit naît seulement du devoir accompli? Et sais-tu que la République exige avant tout, même avant de rien donner, le dévouement de tous et de chacun?

— Car la RÉPUBLIQUE, c'est, son nom le dit, LA CHOSE DE TOUT LE MONDE; elle ne peut subsister sans le concours actif et loyal de tous et de chacun. Qui t'a assuré du concours de tous et de chacun? qui t'a assuré que ce concours serait loyal? qui t'a assuré que les plus zélés et les plus légitimement intéressés seraient précisément les plus capables?

O Peuple crédule, simple et bon, tu comptes sur toi pour l'accomplissement de cette grande, belle et noble tâche, mais tu ne te connais pas toi-même. Mais tu ne sais pas discerner le beau d'avec le laid, le bien d'avec le mal, le vrai d'avec le faux.

Tes idées sont troublées sur toutes choses; tu envies et tu désires avec ardeur les choses les moins enviables et les moins désirables; et tu t'inclines trop souvent devant les choses les plus méprisables; et tu méprises le savoir et l'expérience des autres

Et lorsqu'un homme sorti de ton sein s'est élevé par son travail, par ses études, tu le répudies déjà comme n'étant plus de toi.

O Peuple simple, crédule et bon, tu veux la République. Est-ce parce que la forme du gouvernement dans une République est plus conforme à la dignité de l'homme? Est-ce parce que cette forme exige chez les citoyens plus de lumières et plus de vertus? Est-ce parce qu'elle exige plus de constance dans l'adversité, plus de dévouement et de plus grands sacrifices dans les calamités publiques? Ou est-ce parce que tu attends d'elle qu'elle te rassasie de jouissances comme les monarchies en rassasient leurs sujets corrompus? Ou est-ce parce que tu es décidé à accepter vaillamment les austérités des vertus républicaines?

Tu ne soupçonnes même pas les formes sous lesquelles peut se cacher le plus odieux despotisme. O Peuple

simple, bon et crédule, tu veux la République de nom
et avec des symboles de ton choix, et alors tu es idolâtre, et tu briseras ton idole, comme cela arrive à tous
ceux qui font des idoles, comme cela t'est arrivé tant de
fois déjà.

Tu veux la République de fait, avec quels hommes? tu
les cherches. Non, tu veux la République en haine de
la monarchie, royauté ou empire, parce que tu as été
trompé par les monarques; rois ou empereurs, ils t'ont
trompé.

Mais si tu choisis mal les magistrats de la République,
tu seras également trompé par eux, et tu ne voudras
pas de la République non plus, et tu tomberas dans l'a-
narchie.

Et prends garde de tomber dans l'anarchie, ô Peuple
trop confiant et trop défiant aussi. Sache au moins ceci,
c'est une vérité, la confiance et la défiance sont deux
sœurs, filles de l'ignorance.

Dissipe d'abord, ô Peuple, les ténèbres de ton intelligence. Reconnais ton ignorance; reconnais ton peu
d'expérience; instruis-toi en travaillant, perfectionne-
toi en méditant; ferme ton oreille aux discours de ceux
qui te flattent, et écoute la voix de ceux qui te disent :
Tout ce que tu sais, c'est que tu souffres; mais, pour
tout le reste, comme un malade, tu l'ignores.

Et la voix te dit encore : Les mouvements que tu te
donnes pour te dégager de l'abîme sont des mouvements
désordonnés. Ton ignorance fait ton impuissance, et la
violence de tes efforts te précipite plus bas encore. Tu
ressembles à un homme qui, ne sachant pas nager, est
tombé dans l'eau : il s'y débat, il s'y noiera d'autant plus
vite qu'il s'y débattra plus violemment ; mais, s'il reste

tranquille, sans crainte, la poitrine gonflée, la bouche fermée, étendu sur le dos, sans mouvement, on pourra le sauver bientôt. Mais il se débat privé de tout sang-froid, il noie son sauveur avec lui. Mais s'il sait nager, il n'a pas besoin de sauveur, l'homme qui est à l'eau ; il n'y est point en danger, il nage, il gagne la rive , soit à droite, soit à gauche ; il remonte péniblement le courant, ou le suit paisiblement, mais il aborde où il veut. Apprends donc à nager, ô Peuple, il en est temps encore, apprends à nager.

Or , c'est dans l'histoire, ô Peuple, que tu apprendras à nager dans le fleuve de ta propre existence, dans l'océan de la vie des nations.

Mais, écoute : ce n'est pas savoir l'histoire que de savoir des dates et connaître les noms des rois qui ont bien ou mal gouverné les États. Ce n'est pas savoir l'histoire que de savoir, comme on l'enseigne inutilement, les noms des fils de rois et ceux de leurs femmes et ceux de leurs filles et leur nombre ; ce n'est pas savoir l'histoire que savoir seulement que des rois ont transmis l'empire des peuples à leurs enfants, comme un père transmet à ses enfants le patrimoine légitimement acquis, ni savoir comment les fils des rois se sont partagé les peuples, comme on se partage des troupeaux de bétail ; et comment, par la guerre, les princes se sont disputé les provinces d'un même territoire, comme des larrons se disputent le butin, comme les loups s'arrachent les lambeaux d'une même proie.

Tout cela, ce n'est pas l'histoire ; mais cela, il est vrai, avec les découvertes utiles, et les progrès des sciences, et le changement des idées, et le renversement des croyances, et les révolutions dans les institutions, tout cela forme l'ensemble des faits historiques dont l'enchaînement et les conséquences logiques constituent la moralité de l'histoire.

L'étude philosophique de l'histoire et de sa moralité peut seule offrir à l'homme l'occasion des plus légitimes et des plus solides conquêtes, savoir, les conquêtes de sa raison sur ses passions. Et ces conquêtes seront assurées surtout par les institutions qu'il parviendra à se donner et qu'il saura surtout respecter. Faute de quoi tout se retournera contre lui, et ses propres forces, et ses propres lumières, et ses plus précieuses découvertes, les plus fécondes en bien se retourneront en mal contre lui. Et tout servira à le perdre si l'homme civilisé ne sait conserver et respecter ses plus légitimes conquêtes, celles de sa raison, et s'il ne veut fermement conserver et respecter qu'elles seules.

VIII

La voix a dit : Tu adores, ô France, les idoles de tes mains; et tu as donné à tes idoles des noms selon tes passions; et tu as pris partout le signe pour la chose et l'image pour la réalité; et le malheur de ton peuple vient de son idolâtrie. Et il est idolâtre parce qu'il est crédule, aimant et passionné. Sa nature est ainsi. Mais l'idolâtrie de ton peuple l'a fait tomber dans le péché, et le péché donne la mort.

Faut-il donc qu'il périsse, ton peuple? rien ne pourra-t-il le sauver parce qu'il est crédule, aimant et passionné? rien ne pourra-t-il le guérir de son idolâtrie? Qui peut donc changer sa nature?

Pour toi, ô France, tu ne peux changer la nature de ton peuple, mais tu peux dissiper les ténèbres de son ignorance. Or, l'ignorance entretient la crédulité, mais elle n'empêche pas d'aimer, elle n'ajoute rien aux passions, peut-être même ne les affaiblit-elle en rien.

Mais l'ignorance est insupportable à l'homme, il veut en sortir à toute force; tous les efforts de son esprit tendent à le faire sortir de son ignorance naturelle, et l'homme cherche pour cela toutes les issues. Mais l'issue la plus facile est celle qu'il préfère; elle est celle-ci : Tenir pour certain ce qui est dit. C'est la *Foi*.

La *Foi* consiste à croire; mais *croire* n'est pas *savoir*. *Savoir*, c'est tenir pour certain ce qui est matériellement manifeste et logiquement prouvé. Tout ce qui, étant du domaine de l'entendement, ne peut être rendu évident par la démonstration, redoute l'examen, se soustrait à la discussion, ou révolte la raison, est réputé faux et doit être écarté; y croire, c'est être dans des ténèbres plus épaisses cent fois que celles de l'ignorance native.

Si *croire* est chose facile, *savoir*, au contraire, est chose fort difficile. La foi s'acquiert par complaisance et par paresse, elle se conserve par habitude et par insouciance. Le savoir ne s'acquiert que par l'attention, par l'application, par le travail soutenu et consciencieux.

La *Foi* est aveugle, le *Savoir* est clairvoyant. La *Foi* est craintive, elle redoute, elle prie, elle implore. Le *Savoir* est assuré, il prévoit, il conjure.

La *Foi* mène paisiblement, par une pente douce, l'homme à sa perte. La *Science* mène l'homme au bien par un chemin âpre et pénible.

Le bonheur moral de l'homme, ses jouissances intellectuelles, la paix de sa conscience, le calme de son esprit et l'estime de ses semblables, sont les légitimes récompenses de sa vie laborieuse, toujours trop courte ; souvent même, la reconnaissance des générations s'attache à sa mémoire, et ses utiles travaux le rendent comme vivant au milieu des hommes des autres âges.

Mais tous tes enfants, ô France, ils ne sont pas plongés dans les ténèbres de la même ignorance. Et tous n'ont pas les mêmes croyances dans une même Foi. Tous n'ont pas les mêmes passions, tous n'adorent pas les mêmes idoles, mais tous ou presque tous sont idolâtres.

Voici : Ils prennent le signe pour la chose, ils ont donné des noms divers aux idoles de leurs mains, aux Dieux de leur imagination, et ils les adorent.

Tels adorent la *Légitimité*, mais quoi donc est la *Légitimité?*

N'est-il pas *légitime* que l'homme vive heureux et en paix avec l'homme son semblable ? L'homme n'est-il point son égal ? doit-il donc l'opprimer ? L'homme n'est-il pas son frère ? ne doit-il pas l'aimer et le secourir ? Pourquoi donc l'homme opprime-t-il l'homme ? C'est parce qu'il y a des forts que les faibles sont opprimés. C'est parce qu'il y a des hommes perfides, astucieux, que les hommes loyaux et confiants sont trompés et dépouillés.

Quoi donc est illégitime ?

Le fort fait usage de sa force ; l'astucieux, de son astuce ; le perfide, de sa perfidie ; comme le faible se réfugie dans sa faiblesse, le loyal dans sa loyauté, le confiant dans sa confiance.

La force est dans la nature des choses ; la perfidie, l'astuce, la loyauté, la confiance sont dans la nature de l'homme. L'usage de ce qui est dans la nature même est-il illégitime ? Pourquoi donc la force est-elle redoutable? Pourquoi l'astuce et la perfidie sont-elles haïssables? On le sait quand on en ressent les funestes effets.

Tels autres, passionnés pour l'*Election*, la proclament seule légitime. L'Élection, c'est le choix. Quoi détermine le *choix?* La Préférence, l'Intérêt; rien de plus naturel, rien de plus légitime.

Mais comment se fera l'Election? qui en garantit la sincérité? Qui assure que le choix sera bon? Cela dépend de deux conditions : premièrement, des lumières, de l'expérience et de l'intelligence de l'Électeur; deuxièmement, du milieu dans lequel il pourra choisir.

Et l'élection dépend du vote, elle dépend du nombre des suffrages; c'est la force du nombre.

Il peut y avoir des dangers, mais qu'y a-t-il d'illégitime? Pourquoi donc, ô France, une partie de tes enfants se prétendent-ils plus légitimistes que ceux qui prétendent élire? De quels droits légitimes les privent donc ceux qui prétendent que tous ont des devoirs à remplir et des droits à exercer? Et puis, qu'est ce que voter? Est-ce que ce n'est pas dire ce que l'on veut? Et qui peut légitimement nier la faculté ou le droit de vouloir ou de ne vouloir pas? Mais le droit n'est point un privilége, le privilége n'est point un droit. Quoi donc est légitime? le privilége, ou le droit?

Mais les uns et les autres de tes enfants adorent la *Légalité*. Mais quoi, la *Légalité?* c'est le respect de la *Loi*. Quoi, la *Loi?* une formule; elle exprime des rapports : rapports de nombres, rapports de positions, rapports de qualités, rapports de puissance, rapports d'action, rapports de forces.

Et qui formule les Lois? L'homme. Et les rapports sont vicieux ou ils.ne le sont pas. Et les formules sont exactes ou elles ne le sont pas. Et les lois sont empiriques, rationnelles ou arbitraires. Bonnes ou mauvaises, elles sont faciles ou difficiles à observer. De là le respect ou le défaut de respect aux lois ; de là le bien, de là le mal. Et quand la loi est violée, la légalité où est-elle ?

IX

Mais ton peuple, ô France, ce n'est pas seulement des principes qu'il est idolâtre. Il porte surtout son Idolâtrie sur les symboles et sur les mots. Pour ce qui est de son idolâtrie des personnes, elle ne dure jamais bien longtemps, à moins que ces personnes n'aient jamais été appelées à exercer sur lui une action régulière et légale de quelque durée.

Ton peuple a souvent à la bouche le mot *Légalité*, mais il adore l'*Illégalité*. Il applaudit aux coups d'État et il les sanctionne chaque fois par un vote presque unanime.

Et ton peuple n'aspire même qu'à faire des coups d'État contre ses propres coups d'État. Et quand il en fait, c'est presque toujours sans s'en douter. Et il abhorre les réactionnaires, et il fait lui-même à chaque instant de la réaction ; seulement il appelle tous ces actes-là du nom de *Révolution*, et il se croit libre alors, et il est content : mais il sent le malaise et il réagit encore.

Il croit aimer la liberté, ton peuple, ô France. Il est idolâtre du mot ; il ne comprend pas la liberté : il l'invoque sans cesse pour lui, et il la violente chez les autres.

A chaque instant, on l'entend qui dit : Il ne faut pas qu'un tel homme ait le droit de faire telle chose ; on forcera telles gens à faire telles choses, à donner telles choses, à renoncer à telles choses ; on discutera telles choses et non telles autres choses. Il faudra bien qu'on fasse comme je veux, et non comme je ne veux pas, car je suis souverain. Et on n'aura pas le droit de faire comme ceci, mais comme cela ; tant pis pour les mécontents. Ce sont là des mesures révolutionnaires, il faut qu'on s'y soumette.

Et lorsque, dans les circonstances les plus critiques et les plus douloureuses, il vient un homme qui hardiment, et sans l'autorité du savoir, ni celle de l'expérience, ni celle de l'honorabilité de position, de profession ou de caractère, dit : Croyez-moi, on vous trompe, vous avez assez souffert, votre patience a été de trop longue durée ; Citoyens, levez-vous, et me suivez, car je vais tout changer, choses, ordre, propriété, famille, lois, administration, force publique, tout, mais il n'y aura de sacré que la *volonté du peuple;* et la volonté du peuple, c'est moi qui l'exercerai, et je l'exercerai de la manière la plus absolue ; et ce sera pour votre repos, pour votre bonheur, pour votre sécurité.

Alors on applaudit l'homme qui ose dire cela, non-seulement quand on ne sait pas d'où il vient ni qui il est ; mais, de plus, on l'affuble de tout ce qu'il faut pour en faire une idole, et le peuple dit : *Voilà, c'est moi!* Et il adore l'idole de ses mains, jusqu'au jour où il la brisera.

Et chaque fois que ton peuple, ô France, brise une idole de ses mains, que cette idole soit homme, mot, chose ou principe, il est content, ton peuple, et il donne à l'acte de sa colère souvent irréfléchie le nom de *Révolution.*

Mais il y en a, parmi ceux de ton peuple, qui disent

même ceci : La Révolution, c'est le seul gouvernement possible, et ils sont applaudis. Et ton peuple s'est mis à chercher des hommes en qui réside la Révolution, et il croit en trouver, et il s'en présente à lui avec cette étiquette, et il les met tous ensemble : mais voilà, ils se regardent et parlent tous ensemble. Et ils se séparent avant d'avoir rien fait, mais ils ont tout défait.

L'esprit de révolution réside-t-il en eux? peut-être oui, peut-être non, mais ils ne font rien parce qu'ils ne peuvent s'entendre; et ils ne peuvent s'entendre parce qu'ils sont absolus chacun à l'excès dans ses propres idées ; mais ils ne s'en aperçoivent pas, et ton peuple le voit encore moins. Ils sont autoritaires dans la force du mot, et il ne leur manque que le pouvoir pour être des *Tyrans accomplis*.

Et la preuve, c'est que, parmi eux tous, il en fut *un* que ton peuple voulut avoir à tout prix. Il l'a eu et il l'a payé cher, très-cher, trop cher.

Celui-là, il avait fait ses petites preuves déjà. Ton peuple voulut qu'il fît ses grandes preuves, et il les a faites. Et comme il faisait et défaisait beaucoup de choses, il avait coutume de dire : Voici : Je fais, et qu'on me laisse faire ; je suis l'*Envoyé* de la Providence ; je suis l'*élu* du Peuple ; je suis *responsable* devant celui qui m'a envoyé ; je suis *responsable* devant celui qui m'a appelé ; qu'il soit fait comme je veux, car je suis le mandataire du Peuple.

Et maintenant, ô France, où est-il le *Responsable?* Vas-tu courir après ? vas-tu courir sus ?

Mais les autres ne lui ressemblent pas, non assurément; mais n'en fais pas l'expérience, ô France. Ton peuple les a appelés, il les a réunis.

Il y en a qui s'en vont avant d'être venus; d'autres se séparent déjà avant d'avoir rien fait, et ton peuple s'en étonne-t-il? Il applaudit peut-être.

Mais il faut que chacun d'eux soit seul, et agisse seul, sans quoi il ne peut faire librement, ô peuple de France, ce qu'ils appellent ta *volonté souveraine*. Chacun dit en avoir le secret de ta volonté souveraine, ô peuple encenseur et encensé. Et ils se retirent sans avoir rien fait, mais non sans avoir dit pompeusement des choses vaines, inutiles et intempestives. Et ton peuple admire.

Mais, ainsi faisant, ces idoles-là ne s'usent pas, et ton peuple n'a pas le temps d'avoir la moindre raison de les briser. Jolies petites idoles d'ambre, de verre ou de cire molle.

Elles ont des pieds et ne marchent pas; elles ont des mains et n'agissent pas; mais il sort de leurs bouches des paroles sonores, la mémoire ne les retient pas; mais elles font un grand bruit comme celui d'une tempête qui éclate, le vent emporte le bruit, on l'entend au loin qui s'éteint déjà.

Mais toutes les idoles ne parlent pas, et les idoles qui parlent sans agir sont les idoles de prédilection de ton peuple. Quand diront-elles leur dernier mot? Quand feront-elles leur premier acte? Mais, soit qu'on les mette dans leur chapelle accoutumée, soit que ton peuple les en retire, c'est toujours de l'encens qu'il brûle. Et quand ton peuple a brisé quelque grosse idole, il va pieusement retrouver ses petites idoles chéries.

Après son idolâtrie des personnes, il a son idolâtrie pour les *symboles*. Et ils sont tous idolâtres de drapeaux parmi ton peuple, ô France! Et ils ont des drapeaux de couleurs différentes. Et ils ne savent plus que ce sont des signes différents d'une même chose qui est la Patrie. Mais ils ne comprennent plus cela ainsi, et chacun tient à son drapeau par suite d'un intérêt particulier bien connu de chacun et qu'on s'avoue tout bas.

Autrefois, ton peuple, ô France, son drapeau était bleu d'azur et semé de fleurs de lis d'or sans nombre. Il y a longtemps de cela, ton peuple l'a oublié. Auparavant c'était une pièce de soie pourpre semée de flammes d'or ; on appelait cette bannière-là l'*Oriflamme*. On fit croire au peuple que ce premier drapeau avait été apporté du ciel à la France pour être son unique drapeau. Ton peuple le crut alors ; ton peuple aujourd'hui n'en sait plus rien.

Bien plus tard, et à une époque plus voisine de notre temps, on t'a donné, ô France, un drapeau blanc avec trois fleurs de lis d'or au milieu ; et tu l'as accepté, et il a été glorieusement porté aussi, et tes enfants l'ont suivi, et ils l'ont défendu vaillamment contre tes ennemis et contre les ennemis de tes Rois.

Mais tes enfants, ils ont bientôt, dans leur pensée, dans leur amour et dans leur dévouement, confondu et identifié le *Roi* avec la *Patrie*.

Et le drapeau, qui était le signe de la *Patrie*, est devenu à leurs yeux le signe du *Roi*. Et le Roi, qui n'était que la personnification vivante de la *patrie*, est devenu sacré à ses yeux comme la Patrie. Et le Roi, qui était le chef de la Nation pour le salut de la *patrie*, a substitué sa volonté à celle de la nation ; car le peuple avait laissé la personnalité du Roi, qu'il voyait agir, se substituer à la Patrie qu'il ne comprenait plus. Car les chefs des peuples avaient abusé des pouvoirs qu'ils avaient usurpés sur les personnes, et les Rois avaient protégé les peuples et les personnes contre ces oppresseurs ; et le Roi, ayant enfin brisé le pouvoir du dernier d'entre eux, ton peuple applaudissait, ô France, mais ce n'était pas lui qui faisait sa propre besogne. Et chaque fois qu'un Roi enlevait le pouvoir à un de ses tyrans, ton peuple applaudissait, mais le pouvoir royal allait grossissant et ton peuple se disait : Celui-ci, c'est mon protecteur, c'est le *père de la patrie*.

Et un Roi ayant un jour arraché au dernier d'entre eux son pouvoir personnel, s'écria : L'État, c'est moi. Tu fus étonnée, ô France, mais tu as répondu : *Amen*. Et ton drapeau était blanc, et trois fleurs de lis d'or brillaient au milieu. Tes peuples furent dans la joie et ils se crurent heureux.

Et voici : le Roi jeune devient vieux; il faiblit, il meurt; un enfant lui succède. Un Prince gouverne en son nom. Tes peuples ne sont rien. L'enfant devient un jeune homme, il est gouverné par ses passions. La flatterie proclame ses vices ; elle dit : ils sont aimables. La maturité de l'âge ne le change pas. Et la mort attend pour le frapper qu'il ait usé son corps en préparant les calamités.

Un honnête homme lui succède.

Il est sans force devant les exigences des grands de ton peuple. Ces grands formaient un corps; on l'appelait la *Noblesse*. Il est sans force, ce roi honnête, contre les intrigues des chefs spirituels, des éducateurs de ton peuple. Ils formaient un corps, on l'appelait le *Clergé*. Le troisième corps de l'État était composé de tout ce qui pense, travaille et produit; il venait après les deux autres; on le nommait le *Tiers-État* (troisième état). On prétendit le compter pour rien. La Nation s'affirma en lui. Et ton peuple reconnut alors la Nation, la Loi, le Roi.

Et deux couleurs, ô France, furent ajoutées à ton drapeau : le bleu à la hampe, le rouge au bord, le blanc au milieu ; il conserva quelque temps ses fleurs de lis d'or. Elles sont tombées.

Le Rouge fut attaché à la hampe ; il y resta seul un moment. Le Bleu prit sa place, le Blanc au milieu et le rouge ensuite.

L'Europe, étonnée, l'a salué au passage et te l'a ensuite arraché, ô France.

L'Europe t'a imposé ton ancien drapeau, et en un jour de juste colère tu as repris ton drapeau tricolore ; mais pourquoi faire ?

Tes enfants savent-ils si la couleur *Blanche* signifiait le *Roi* ou signifiait la *Patrie ?* Il y avait déjà confusion. Savent-ils, tes enfants, ce que signifiait la couleur bleue ? Peu leur importe. Ils croient que le *Rouge* signifie le *Peuple ;* c'est, à leurs yeux, la couleur du sang qu'il verse pour la défense de ses droits. Cela lui suffit.

Là est l'idolâtrie.

Savent-ils, tes enfants, eux qui sont idolâtres des mots, ce que signifient les mots : *Peuple, Nation, Patrie, État,* et bien d'autres mots qu'ils abhorrent ou dont ils sont idolâtres sans savoir pourquoi ? Apprends-le-leur donc, ô France, et ne t'évertue pas à leur enseigner ce que tu ne sais pas, à les contraindre à croire ce que tu ne crois pas ; sois donc sincère envers tes enfants, ô France, si tu veux qu'ils t'aiment, te respectent et te défendent.

Mais le Roi n'est plus ; beaucoup n'en veulent plus de Rois.

Les nobles, qui sont-ils, où sont-ils ? L'aristocratie des nobles de naissance, elle n'est plus. Elle a été celle du dévouement à la patrie et au roi. Elle a acquis ainsi des priviléges, elle y a tenu surtout. Elle avait des traditions, elle les gardait. *Noblesse oblige* était sa devise. Beaucoup l'ont oubliée cette devise. L'aristocratie a tout perdu, à qui la faute? quelle aristocratie l'a remplacée? Est ce celle du mérite, celle de l'argent, ou celle de l'audace?

Un soldat heureux, voulant être Roi sous une autre étiquette, a ressuscité en vain des titres pompeux qui n'avaient aucune raison d'être. Un aventurier audacieux tente de l'imiter. Quelle fut sa fin? Le peuple maintenant ne reconnaît que le peuple.

Le peuple croit être Souverain; il se trompe, on l'a trompé. Non, au-dessus de sa volonté qui ne peut être souveraine, il n'y a de souverain que la nécessité, la logique implacable; voilà ce qui est *souverain*. Nulle force, nulle puissance au monde n'en peut entraver la marche.

Il y a, et il faut qu'il le reconnaisse, bon gré mal gré, ton peuple, il y a au-dessus de sa volonté trois choses respectables par-dessus tout et auxquelles tout doit être sacrifié; ces trois choses sont : la *Loi*, l'*Honneur*, le *Devoir*.

Et la Loi ne peut être arbitrairement formulée par qui que ce soit; elle ne peut être que l'expression exacte et sincère des rapports inévitables.

L'Honneur ! malheur à l'homme, malheur au peuple qui n'a pas ce sentiment profondément gravé dans son cœur. Malheur à la nation, entends-tu bien, ô France, malheur à la nation qui ne sait pas, par une mâle éducation, développer chez les enfants le sentiment qui met l'honneur au-dessus de tout, et au premier rang parmi les hommes ceux qui en ont le culte sacré.

Le Devoir! il est la base et l'origine des droits de tous et de chacun.

C'est la *loi* qui définit nos devoirs ; c'est *l'honneur* qui nous porte à les remplir.

Mais qu'y a-t-il donc de commun entre les idées et les couleurs ? et qu'importent leur nombre et leur place sur un drapeau ? En vérité, en vérité, il viendra un temps où quiconque, *Homme*, *Peuple* ou *Nation*, n'aura pas pour ce que renferment les idées exprimées par ces trois mots : *Loi*, *Honneur*, *Devoir*, le respect et le culte le plus absolus, périra misérablement dans la honte et l'ignominie, et la malédiction des contemporains poursuivra leur mémoire de génération en génération.

Que ton peuple jette donc loin de lui son idolâtrie et qu'il ne s'attache pas aux couleurs. Si le blanc est salissant, si le bleu est mauvais teint, si le rouge fait peur, que ton peuple se passe de couleurs. Mais, en vérité, il ne peut se passer de la loi, et sans l'honneur il ne remplira pas ses devoirs. Et toutes ses couleurs ne sauront, non plus que les idoles de ses mains, le sauver de la ruine que préparent les vices, de la ruine que les vertus seules savent et peuvent conjurer.

Qu'il rejette loin de lui, ton peuple, ses superstitions et ses idolâtries et qu'il pratique les vertus.

Mais ton peuple est idolâtre du signe et du symbole. Il plante, dans un lieu sec, un arbre qui aime l'eau : c'est un peuplier. Et il le plante sur une place publique, au milieu des pavés, en plein asphalte.

L'arbre souvent est sans racines, mais il est attiffé de drapeaux, de rubans, de banderolles, et il est coiffé d'un bonnet. Et ton peuple dit : Cet arbre, c'est un arbre de liberté.

A-t-il jamais songé, ton peuple, ô France, à obliger les passants à se découvrir devant cet arbre coiffé d'un bonnet, comme on en force d'autres à se découvrir devant une croix portée par des hommes qui ont la tête couverte d'une tiare ou de mitres, ou de bonnets carrés, ou de calottes? Peut-être pas, mais son arbre, une fois planté, ton peuple croit avoir fondé le *règne de la Liberté*.

Et voilà, tout de suite, il va chercher des prêtres pour bénir l'arbre, et il force le prêtre à jeter dessus son eau bénite. Il sait que l'eau bénite ne fait rien pousser ; mais il est naïf et crédule, ton peuple, et il est content parce que le prêtre est à ses yeux un ennemi de la Liberté.

De fait le prêtre apprécie peu la Liberté, il ne la connaît pas, il s'en soucie peu pour les autres. Et la liberté de conscience, d'après ses doctrines, serait la plus dangereuse de toutes. Mais ton peuple est fanatique de Liberté ; pour un peu il forcerait tout le monde à être libre, c'est pourquoi ton peuple aime à forcer le prêtre à bénir ses arbres de Liberté.

Mais ton peuple est fanatique de la Liberté. Il y en a parmi ton peuple qui regardent la Liberté comme une déesse à laquelle il faut tout sacrifier. Ceux-là, ils sont les pontifes de la Liberté et, s'ils le pouvaient, ils auraient bientôt forcé tous et chacun à être libres comme ils l'entendent.

Mais beaucoup ne sont idolâtres que du mot.

Il est idolâtre des devises aussi, ton peuple, et il en a de singulières et de contradictoires ; il en a de respectables et d'impossibles ; mais il tient, par-dessus tout, à celle qui est la plus impossible et la plus vague. Au reste, l'entendement humain est ainsi fait, qu'il accepte les idées vagues parce qu'il les interprète à sa manière ; et il rejette les idées précises, parce qu'elles ne souffrent pas d'équivoque et qu'il voit nettement lorsqu'elles blessent ses opinions. C'est pourquoi ton peuple a adopté avec enthousiasme et conserve avec persévérance cette devise impossible : LIBERTÉ, ÉGALITÉ, FRATERNITÉ.

Mais, nos pères étaient vertueux ; ne devons-nous pas les imiter, devons-nous abandonner leur devise? dira ton peuple.

Et les Bretons, et les Picards, et les Normands, et les Lyonnais, et les Bordelais, et les Marseillais, comme les Parisiens, ils disent tous : c'est la devise de nos pères, nous la gardons. Et leurs devises sont diverses et elles les divisent, et ils s'étonnent de n'être point unis. Soyons unis dans une devise unique, disent les plus nombreux parmi ton peuple : notre devise est *Liberté, Égalité, Fraternité*.

Mais il sera répondu ceci : O peuple, où est-elle ta devise? Elle n'est pas dans ton cœur, on ne la voit pas éclater dans tes actions.

Mais quand est venu le jour où tu brises les idoles de la veille, le jour où tu plantes des arbres qui ne doivent pas pousser, tu charbonnes sur les murs à ta portée les trois mots redoutés des tyrans passés et des tyrans futurs.

Et sur quelques parties restées nues aux murs des édifices publics, les architectes officiels, avec leur complaisance connue, font peindre, en lettres noires, qui n'ont rien de monumental, rien de définitif, les trois fameux mots, protecteurs-nés des monuments qui ce jour-là perdent leur raison d'être.

Mais ton peuple est content, même ceux d'entre eux qui ne savent pas lire.

Et ton peuple, ô France, croit sincèrement à la possibilité d'existence de ce qu'il regarde comme les principes éternels désignés par ces trois mots : *Liberté, Égalité, Fraternité.*

Mais, en vérité, ce sont de séduisantes fictions, elles ne sont point ennemies des vertus civiques ; mais ce sont des fictions qui ne peuvent servir de base solide à aucune organisation sociale solide, à aucune constitution durable. Elles peuvent soutenir le courage des uns, consoler les autres et servir de point d'appui passagèrement suffisant aux ambitions les moins justifiables.

Examine, ô France. Ton peuple invoque souvent la *Fraternité*, il la proclame sainte et inviolable ; mais s'il taquine trop souvent et effarouche quelquefois la Liberté, ton peuple, il bouscule aussi par-ci par-là la pauvre *Fraternité* déjà caduque.

Pauvre doctrine chrétienne, tu t'appuies sur de faibles béquilles, mais le peuple a écrit ton nom sur son drapeau, à côté de celui de la robuste *Liberté*, dont tu paralyses les mouvements brusques et violents, dont tu entraves la marche trop irrégulière déjà.

Et tu étonnes l'*Égalité*, dont le nom suit le tien sur le drapeau du peuple. Qu'importe! la devise est ainsi faite. Et le peuple invoque la *Fraternité*, car il veut être fraternellement traité. Tous les hommes sont égaux, dit-il, et les peuples sont frères.

Mais qui donc pousse les peuples à s'entre-égorger? On voit, ce sont les *Rois ;* ils s'écrivent entre eux et se disent l'un à l'autre : Mon frère, mon cousin; et ils poussent leurs peuples les uns sur les autres ; et, de fait, les peuples ahuris s'entre-égorgent pour vider les querelles de ces *Sires*, pour étendre le cercle de leur domination despotique, pour relever l'éclat de leurs couronnes, pour dorer le clinquant de leurs oripeaux, pour payer le faste de leurs triomphes sanglants et le luxe de leurs orgies déguisées et les dépenses ruineuses de leurs libéralités intéressées et corruptrices.

Et le peuple parricide rentre chargé de butin dans ses foyers et noie son deuil dans les joyeuses débauches que lui a préparées une victoire fratricide.

Où est-elle la *Fraternité?* Est-elle entre ces deux *Sires* dont l'un, provocateur ou provoqué, est à la merci de l'autre, qui le traite avec tous les égards dus au rang duquel il est tombé et que le malheur rend respectable? dit-on.

Et cela, pendant que les peuples, qui n'ont pas voulu la guerre, continuent à s'entre-égorger, à ravager les campagnes, à multiplier les ruines. Comprendrez-vous, ô peuples, l'exemple d'en haut? Et la *Fraternité*, où donc était-elle pendant ces horribles tueries? Elle était là où elle est pendant la paix. Elle est toujours aux mains des habiles qui savent l'exploiter.

Cependant le riche donne et il donne beaucoup. Il s'imagine avoir rempli tous ses devoirs envers le pauvre, quand il l'a matériellement secouru dans sa misère. C'est bien, c'est très-bien, et le pauvre doit en être reconnaissant, sous peine d'être lui-même injuste et indigne. Mais ce n'est pas tout pourtant, et il reste au riche encore beaucoup à faire. Et il y a des riches qui cherchent avec zèle et ardeur ce qu'il y a encore à faire, et ils essaient de le faire. Mais ils sont en bien petit nombre. Mais il leur sera tenu compte et de leurs actes et de leurs intentions.

Mais le Pauvre? oh! il est à plaindre, le pauvre; il souffre, et il est injuste souvent, comme le sont ceux qui souffrent. Le pauvre, il ne sent que sa misère, et il la déteste, et il s'en prend de sa misère à tout ce qui n'est pas lui, à tout ce qu'il voit en dehors de lui; mais il est injuste et ingrat, le pauvre, quand il hait le Riche parce que le riche est riche, et quand il ne comprend pas qu'il a des devoirs à remplir envers lui. Car, en vérité, il a aussi des devoirs à remplir; mais il ne les connaît pas; et il les connaîtra, et il les remplira, et il lui en sera tenu compte.

Il appelle à grands cris la *Liberté*, ton peuple. Où est-elle la *Liberté?* Dans la nature rien n'est libre, tout obéit à la loi universelle. Rien ne se meut, rien ne se déplace dans l'ordre matériel, rien ne se transforme, sans obéir rigoureusement à la loi de la gravitation universelle. Et tous les phénomènes qui se manifestent dans tous les êtres de quelque ordre qu'ils puissent être sont invinciblement soumis à des lois qui dépendent de la loi universelle et n'en sont que l'expression étendue.

Il appartenait à l'homme de découvrir les lois de la Nature et de les formuler à la suite d'observations nombreuses et réitérées faites avec soin et méthode. Il ne pouvait les formuler arbitrairement. Il appartient à l'homme d'observer les phénomènes de la vie et les conditions indispensables à l'existence de l'homme en société, afin d'en dégager la formulation de lois constitutives, organiques et dispositives; ces lois doivent donc être conformes aux tempéraments, aux aptitudes et aux conditions vitales. Nul ne peut prétendre en imposer d'arbitraires.

La formulation des lois humaines est l'objet des études politiques et sociales sur les documents enregistrés par l'histoire et sur les faits contemporains, comme la formulation des lois physiques s'est produite à la suite de l'observation attentive des phénomènes de la nature.

Les rapports sont universels et réciproques, tout agit sur chaque chose et chaque chose réagit à son tour ; action et réaction, mouvement et vie.

Mais, dans l'ordre moral, où est la *Liberté ?* Dans la pensée ? peut-être. Les opinions des autres, leurs doctrines, les préceptes enseignés, les croyances imposées dès l'enfance, laissent en vérité peu de place à la *pensée libre*.

Mais l'*Egalité*, où donc la trouve-t-on dans la nature ? On y rencontre des analogies, des équivalents, mais des identités, où donc ? L'artifice peut établir l'égalité, mais la nature n'en montre pas d'exemple. La liberté ni l'égalité ne sont dans la nature. Et, si c'étaient des principes, la *Fraternité* ne pourrait co-exister à deux principes qui s'excluent.

Mais la *Fraternité*, est-elle entre deux frères ? Non, la justice règle leurs intérêts, protége leurs droits.

Mais si tu remplaces, ô peuple, le Niveau par la Balance, ce sera encore un acte d'Idolâtrie ; mais tu te seras approché de la vérité. Mais sois probe, équitable ; sois dévoué à la chose publique, et tu auras le droit, ô Peuple bon et généreux, d'écrire sur ton drapeau, qu'il soit Bleu, Blanc ou Rouge, ou qu'il soit tricolore encore, les mots *Probité, Dévouement, Equité*. Mais que peut te servir d'avoir une devise, si tu ne la justifies pas par tes actes ? Que peut-il te servir d'avoir un drapeau, si tu ne le suis pas, ou si tu ne le portes pas là où il doit être porté ? Mets bien dans ta tête, ô Peuple, l'esprit de ta devise, elle éclairera tes actions ; porte ton drapeau dans ton cœur, on ne te l'arrachera pas. Mais cesse d'être idolâtre, si tu veux voir la fin de tes maux.

X

Et voici maintenant, ô France, la dernière prophétie adressée à ton peuple. Qu'il écoute donc la *Parole* et qu'il la retienne s'il ne veut pas périr, car celui qui ne marche pas dans les voies de l'Éternel, marche à sa perte Et tu entendras par ce mot l'*Éternel* LE *qui est Vérité, Justice et Science, Science, Justice, Vérité, certaines, absolues, inébranlables à tout jamais.* Or les voies de l'Éternel sont des voies de Sagesse ; elles sont droites, elles conduisent à la paix. Toutes les autres voies sont tortueuses, elles conduisent à l'abîme.

Écoute, ô France, voici : aujourd'hui, tu es mutilée ; ton ennemie t'a coupé un pied ; elle t'a enlevé plusieurs doigts de la main, où veux-tu aller ? Iras-tu bien loin maintenant ? que vas-tu faire à présent ?

La *Parole* te dit : Assieds-toi, et considère avant d'agir ; ne te presse pas de vouloir marcher vers ton ennemie, elle a maintenant des membres de trop, car ils sont *tiens ;* regarde comme elle va marcher avec le pied qu'elle t'a coupé ; regarde comme elle va agir avec les doigts qu'elle t'a retranchés. Ces membres-là ne sont pas *siens ;* ils reviendront à toi par les voies mêmes de l'Éternel, car le bouc qui a cinq pieds ne marche que sur quatre ; le cinquième pied est sur son dos, et il l'embarrasse, et lorsqu'il veut courir, ce pied qui est mort le frappe et le blesse.

Que tes enfants maudissent leur idolâtrie et qu'ils brisent leurs idoles. « Elles ont des pieds et ne marchent « pas, elles ont des mains et ne font rien, et leur bouche ne

« parle pas. » (Ps. cxiii, v. 15.) Que tes enfants oublient leurs
fausses devises et abandonnent leurs divers drapeaux. Ils
flottent tous errants par des voies qui ne sont point celles
de l'Éternel. Car l'Éternel est *Vérité, Justice* et *Science*,
mais l'homme, qu'il soit *Probité, Équité, Activité.* Ainsi
il est à l'image de l'Éternel, son départ et son but.
L'homme qui est sincère dans ses paroles, équitable dans
ses actions, et qui travaille pour acquérir la Science,
celui-là marche dans les voies de l'Éternel.

Ton peuple aime la vérité pourtant, mais il y a des
fourbes et des hypocrites parmi eux ; et c'est souvent à
son insu que ton peuple s'écarte de la voie de Vérité,
mais parce qu'il est loyal de sa nature ; il y rentrera, et il
aimera ceux qui lui diront la Vérité. Et il lui faut du courage pour l'entendre, car elle sera dure la Vérité !

La voici :

Ton peuple est ignorant, et il est présomptueux. Instruis ton peuple, ô France, et il ne sera plus présomptueux, mais il aura la conscience de sa valeur. Ton peuple
est probe au fond, ô France, mais sa probité a été faussée
par de funestes exemples. Relève la probité de ton peuple,
et que la probité soit exaltée.

Mais ton ennemie, ô France, tu as vu sa force ; as-tu
vu sa probité ? marche-t-elle dans la voie de Vérité ?
Voici ce qui est :

Le chef des peuples de la Nation qui est ton ennemie a
dit ceci : Voici, ô France, que le chef de ton peuple m'a
déclaré une guerre injuste, inattendue, pour la faire à
tous les peuples de ma Nation. Nous étions en paix ; je
l'avais visité. Les miens ne vivaient-ils pas en paix parmi
les tiens ? ô France. Les peuples sont frères, pourquoi les
Nations se feraient-elles la guerre ? Qu'ils soient maudits,

les chefs des Nations qui mettent les armes aux mains des peuples et les poussent les uns contre les autres ! Je ne hais pas ton peuple ; mais nos peuples sont armés maintenant pour repousser l'agression injuste du chef de ton peuple. Et parce qu'il me déclare la guerre, je la lui ferai, mais pas à toi, ô France ; je ne te hais pas. Ainsi a parlé le chef de l'autre nation.

Et voici que l'Éternel a livré, à ce chef des peuples de la nation ton ennemie, le chef de ta nation, ô France, parce qu'il n'a jamais marché dans les voies de l'Eternel. Sa bouche disait *ceci*, sa main faisait *cela;* sa bouche disait *la Paix*, sa main faisait *la Guerre*. Il avait sa balance et il pesait avec ses poids ; il prétendait tout savoir et voulait tout pouvoir. Ces folies ont déplu à l'Éternel. Et il fut livré à son ennemi par les hommes qu'il avait faits lui-même; or, il les avait faits à la ruse, à la fraude, à la paresse, aux plaisirs. Que pouvait-il en attendre?

Mais quand le chef qui s'était imposé à ton peuple par la ruse, la fraude et la violence, a été entre les mains de ton ennemie, n'as-tu pas dit ceci :

Voici, ô Allemagne, serons-nous ennemies; qu'y a-t-il de différent entre nous deux? Voici : l'Auteur du mal est entre tes mains, que veux-tu de moi à présent? Et il te fut répondu par ton ennemie implacable : Je veux un de tes pieds, je veux deux doigts de ta main, je veux de ton sang et je veux de l'or. J'en veux beaucoup.

Où était donc la loyauté de ton ennemie? derrière quoi donc se cachait sa probité? On ne les a pas vues. Mais toi, ô France, tu t'es éloignée, et tu t'es écriée : Je suis trompée. Je puis réparer le mal fait en mon nom; je ne puis consentir à ma mutilation. Je résisterai. C'était vé rité et justice ; c'était devoir et droit. Et avec des armes inégales tu as accepté de continuer la guerre pour ta défense, c'était héroïque.

Tu entrais trop tard, ô France, dans les voies de l'Éternel. Une voie importante alors était fermée pour toi, et l'est encore : c'est la voie de *science*. Ton peuple est ignorant, et les principaux d'entre eux ignorent beaucoup . des choses qu'ils devraient savoir.

Mais de ton or tu voulais, ô France, indemniser ton ennemie du mal fait en ton nom par le tyran que tu avais eu la simplicité de te donner, la faiblesse de subir. C'était Justice. Et l'équité de ton ennemie et sa probité ont-elles brillé aux yeux des nations attentives?

Mais la Guerre continua. Et, comme vient de le dire un prophète méconnu, « Paris fut placé face à face avec la « famine, la France avec l'invasion, l'une et l'autre plus « hideuses chaque jour. Et la France et Paris étaient « ainsi traités par les armées allemandes et par le Roi « Guillaume, tandis qu'il comblait d'égards le criminel « auteur de cette effroyable guerre. Ainsi, d'agressive « qu'elle avait été sous l'Empire, la guerre, en ce qui « nous concernait, était devenue purement défensive. « La justice avait changé de camp. La justice, elle était « avec la France envahie. La Victoire, malheureuse- « ment, n'a pas passé du côté de la Justice. » (Louis Blanc.)

Et tes armes étaient faibles et elles manquaient. Et les chefs de tes armées, les grands et les petits, ils manquaient. Un trop grand nombre étaient des inhabiles, sans expérience, mal choisis, ignorants. Mal choisis par qui? par ton peuple, ô France. Ignorant lui-même, il les choisit semblables à lui. Et puis, qui a fait tels les uns et

les autres? L'Empire, n'est-ce pas? La faveur et non le
mérite, l'intrigue et non le travail ?

Ici, ô France, ton ennemie marchait depuis longtemps
dans cette voie de l'Éternel qui est la voie de la science.
Et c'est la voie que ton ennemie a choisie, et elle la suit
sans peine.

Mais toi, ô France, pourquoi ne la suis-tu pas? C'est
parce que ton peuple est paresseux; il n'aime pas l'étude;
le travail le fatigue. Les principaux de ton peuple raillent
ceux qui travaillent, ils les méprisent. Et toi-même, ô
France, tu ne sais pas encourager les travailleurs; tu dé-
daignes leurs efforts; tu apprécies mal leurs œuvres.

Entre donc, ô France, dans la voie de science; instruis
tes enfants. Que tous travaillent, et que les armées de tes
défenseurs ne présentent plus ce déplorable spectacle
d'oisiveté et de désœuvrement, qui est une honte en face
de l'activité fiévreuse de tes armées de producteurs. Que
tout producteur soit un défenseur; que tout défenseur
soit producteur, et qu'il s'instruise et se perfectionne sans
cesse dans sa caserne comme l'ouvrier à son atelier. Ainsi
l'exige le salut public; ainsi le doit vouloir le pays
qui paie.

Celui-là qui, ayant librement choisi une carrière, n'en
remplit pas les devoirs; celui-là qui, étant armé pour la
défense, ne sait pas se servir de son arme, est indigne. Il
sait que pas un moment de son temps n'est sans salaire.
Il ne comprend pas que la patrie attend de lui le concours de toutes ses facultés, qu'il doit les développer en
vue de son salut. Il est à plaindre, il faut l'éclairer; car
les hommes qui, à l'appel de la Patrie, déposent les outils
de leur profession pour marcher en armes vers l'ennemi
menaçant, ont le droit d'être commandés par des hommes

qui, à leur exemple, sachent au moins , comme eux savent le leur, leur noble métier de chefs des citoyens armés.

Et, France qu'il faut aimer et savoir faire respecter, le *Livre sans nom* va dire maintenant à tes enfants, qui est ton peuple, d'où il vient et où il va. Il va dire aussi, le *Livre sans nom*, qui il est, d'où il vient, et où il va, ce peuple qui a mis tant d'années à fabriquer la fausse clef de ton logis, ô France, et l'arme dont il a frappé tes enfants. Il a emporté ta bourse, et tes souliers, et ton bâton ; il a décroché ta montre ; il a laissé dans ton buffet un flacon de poison, et à ton âtre embrasé, un paquet de poudre noire. Sur l'étiquette, le sage lit très-distinctement : GUERRE CIVILE.

Que tes enfants éloignent leurs lèvres du flacon ; que leurs mains ne touchent pas la poudre ; mais qu'ils reprennent leurs travaux et songent à s'instruire, car ils ignorent bien des choses qui sont bonnes, honnêtes et utiles, et ils en savent trop qui sont inutiles et nuisibles.

C'EST AINSI ÉCRIT.

Et celui qui a écrit commençait sa cinquante-huitième année le jour où il cessait d'écrire. C'était le premier jour du déclin de la lune de mars, le treizième jour du troisième mois de l'année 1871 (24 pluviôse, an 79 de la liberté).

XI

Mais, voici, ô France : Les feuilles du Livre sans nom n'étaient pas encore détachées, et toi, mère faible et sans forces contre les obsessions, tu cèdes à tes enfants gâtés.

La poudre noire laissée par ton ennemie, ils l'ont vue ; ils ne savent pas ce qu'elle est, ils veulent en avoir. Et toi tu donnes déjà à ceux-ci. Et ceux-là qui ne sont pas tes enfants gâtés, mais qui sont tes enfants aussi, ils sont venus à ta défense, l'as-tu oublié ?

Mais, jaloux, ils veulent leur part de cette poudre ; ils ne la connaissent pas, ils se jettent dessus. Et voici la poudre noire, elle est jonchée et se répand ; elle tombe en ton foyer, elle l'embrase, elle détone, elle éclate, elle ruine, elle renverse, elle brise ; et tu es éperdue encore une fois, ô France imprudente.

Sion se couvre de ruines, en présence des Philistins assemblés sur la montagne et des Assyriens campés sur les rives du Jourdain.

Et la grotte du Prophète est déserte.

JÉRÉMIADES

ALEPH. — Comment est il arrivé que la ville si peuplée soit ainsi solitaire ? que celle qui était grande entre les nations soit devenue comme veuve ? que celle qui était princesse dans les provinces ait été rendue tributaire ?

BETH. — Elle ne cesse de pleurer pendant la nuit, et ses larmes sont sur ses joues ; il n'y a pas un de tous ses amis qui la console ; ses voisins ont agi perfidement contre elle et sont devenus ses ennemis.

RESCH. — Regarde, Eternel ! car je suis dans la détresse; mes entrailles sont émues, mon cœur est agité dans moi parce que j'ai ajouté rébellion à rébellion; au dehors l'épée m'a privée d'enfants; au dedans c'est comme a mort.

(*Lamentations de Jérémie*, chap. I, v. 1, 2 et 20.)

I

Voici, maintenant, ô France, des paroles de douleur et de confusion, des paroles de reproche et de malédiction.

Le sang de l'innocent a été versé, et il est monté vers l'Éternel, et il retombera sur ceux qui l'ont versé ; et ceux qui l'ont fait verser, ils en sont déjà marqués.

Or, il avait été dit aux hommes : *Aimez-vous les uns les autres.* Et les uns ont calomnié les autres, et leurs bouches ont été comme des arcs qui lancent des traits de mensonge.

Il avait été dit : *Quiconque dira à son frère* RACA *sera maudit par l'Éternel.* Et il est arrivé que le frère a eu dans ses mains des armes; il a pu les tourner contre son frère. Car il y a eu des fourbes et des hypocrites parmi eux. Ils ont semé la division, et il y a eu *les uns* et *les autres* ; et les ténèbres ont été faites dans les consciences, et ils ont semé la discorde parmi ceux qui travaillent. Ils ont arraché les bandes appliquées sur les plaies de la Patrie ; et au lieu de l'huile et du vin, ils ont versé le fiel et le vinaigre.

Mais voici le jour de la justice, il approche, il éclaire ; chaque jour le soleil monte plus haut dans le ciel. Il faudra bien que ceux qui rampent obstinément dans l'ombre soient frappés de ses rayons.

Quand le soleil sera en son zénith, il n'y aura pas d'ombre sur la terre. En ce jour-là, tous les visages seront éclairés, et l'on reconnaîtra la figure des méchants. La figure des méchants sera reconnaissable à son signe. Ils seront en petit nombre les méchants, ils n'ont jamais été nombreux. Un renard suffit pour détruire une basse-cour ; il faut peu de loups pour dévorer un troupeau. Mais les justes seront en grand nombre ; car il fera jour dans les esprits, et la paix sera dans les cœurs.

Et les hommes fuiront les méchants sans se dégrader à leur faire le moindre mal, car l'Éternel a mis un signe sur Caïn, afin qu'il ne soit pas tué par les hommes. Le Caïn, il avait tué son frère ! Et ainsi, Caïn, maudit par l'Éternel, fut sacré pour les hommes.

Ces temps ne sont pas encore, ils approchent.

II

Voici la nouvelle lune de l'équinoxe, elle est en son temps ; en cette année-ci, elle ferme ventôse, le temps des tempêtes, il est passé.

Germinal est ouvert, la nature se réveille ; les bourgeons sont aux arbres, ils s'épanouissent en feuilles ; on voit poindre aujourd'hui les fleurs de demain ; elles promettent des fruits aux hommes. Tes enfants, ô France, cueilleront-ils les fruits à leur maturité ?

Mais tes enfants, ô France, où sont-ils maintenant ?

Ils ont repris leurs paisibles travaux sur les coteaux, aux champs, dans les vergers, dans la plaine.

Ils ont repris leur dur et pénible labeur dans les ateliers, dans les manufactures, dans les usines.

Ils ont repris leurs lucratives occupations, leurs honorables fonctions, dans leurs comptoirs, dans leurs bureaux, dans les ministères, dans les tribunaux, sur les bancs des écoles, dans les chaires des universités, dans les fauteuils des académies, partout où l'homme développe au profit de l'homme ses aptitudes, applique ses facultés.

Sous les yeux de l'ennemi attentif et intéressé, chacun est rentré désarmé chez soi, contraint à réparer les désastres d'une guerre maudite.

Et qu'ont-ils trouvé, les vignerons joyeux et hospitaliers, sur leurs riants coteaux ? Ils ont trouvé les ceps coupés ou arrachés, les échalas brûlés. Mais les enveloppes des cartouches roulaient au vent, et le sol était jonché d'éclats de fer et de plomb déchiré.

Et qu'ont-ils trouvé, les laboureurs patients, dans leurs champs fertiles ? Ils ont trouvé des tranchées larges et profondes comme des tombes béantes qui appellent des cadavres. Leurs espérances y sont-elles enterrées déjà ? Mais le sable et la roche du sol sont encore répandus sur l'humus bouleversé, étendus en glacis protecteurs des soldats envahisseurs. Et les arbres séculaires de la grande route, débités en gigantesques rondins, s'enchevêtrent en abris protecteurs des batteries foudroyantes. Eux qui, de l'ombre de leurs rameaux feuillus, abritaient des ardeurs du soleil le paysan qui conduit à la ville ses vivres quotidiens, ont servi à protéger de leurs tronçons mutilés les engins terribles qui crachaient sur la ville la mort et la désolation. Mais les enveloppes des cartouches brûlées roulaient au vent, et le sol était jonché d'éclats de fer et de plomb déchiré.

Et qu'ont-ils trouvé, les cultivateurs soigneux, dans leurs riches vergers? Ils ont trouvé les tisons fumants encore de leurs espaliers chéris, de leurs quenouilles, de leurs plein-vent, sciés en rondins, débités en bûchettes, cendres stériles des bivouacs. A ces feux, où la flamme étouffe dans la fumée, l'ennemi chauffait ses mains sanglantes, son visage noirci. Il avait froid dans le dos, l'ennemi qui se chauffait à ces feux morts. Et les débris de verre des châssis et des cloches et tant d'autres tessons se mêlaient encore aux enveloppes des paquets de cartouches, et des éclats de fer et du plomb déchiré jonchaient partout les plates-bandes piétinées.

Et les fermiers laborieux, qu'ont-ils trouvé dans la plaine? Ils ont trouvé les haies et les clôtures renversées, les ruisseaux obstrués, les eaux répandues en mares boueuses et puantes et les étangs desséchés. Les routes sont effondrées, les sentiers sont perdus. Et les fermes, elles n'ont pas toutes été brûlées, mais les granges étaient vides au retour et les étables étaient désertes. Mais partout roulaient au vent les enveloppes des cartouches meurtrières, et partout dans la plaine, aux ossements épars des bestiaux égorgés se mêlaient des éclats de fer et des déchirures de plomb tortillé.

Et dans les ateliers, dans les manufactures et les usines,

qu'ont-ils retrouvé, ces braves et vigoureux ouvriers des villes, ces intelligents contre-maîtres, ces savants ingénieurs, et tous les hardis et actifs chefs de ces grands établissements qui alimentent jusqu'en ses sources mêmes la vie industrielle, qu'ont-ils retrouvé? Des ruines et rien. Rien qu'un peu de paille ou de foin, quelques pointes, un marteau oublié auprès d'une pipe cassée. Et sur les murs, des inscriptions illisibles en une langue barbare, griffonnées en caractères maigres qui ne présentent à l'œil du Français stupéfait que de grêles jambages courant les uns à la suite des autres, et comme poursuivis par une invisible *schlagt*. C'est de l'allemand !

Et dans leurs boutiques, dans leurs magasins, dans leurs comptoirs, qu'ont-ils retrouvé, les économes marchands, les prudents négociants? Des ruines et rien. Rien que des feuilles arrachées aux registres et quelques meubles brisés, un crayon oublié auprès d'une pipe cassée. Et sur les murs, des inscriptions illisibles en une langue barbare, griffonnées en caractères maigres qui ne présentent à l'œil du Français attristé que de grêles jambages courant les uns à la suite des autres, et comme poursuivis par une invisible *schlagt*. C'est de l'allemand !

Et dans leurs bureaux, aux ministères, dans leurs greffes, dans leurs prétoires, aux tribunaux, qu'ont-ils retrouvé, les employés modestes et laborieux, les magistrats intègres et zélés, qu'ont-ils retrouvé? qu'avaient-ils laissé? Partout où l'Allemand est entré il s'est assis; partout où il s'est assis il a allumé sa pipe; partout il aura cassé sa pipe. Et sur les murs on voit des inscriptions illisibles en une langue barbare, griffonnées en caractères maigres qui ne présentent à l'œil du Français indigné que de grêles jambages courant les uns à la suite des autres et comme poursuivis par une invisible *schlagt.* C'est de l'allemand! Mais sur les bancs des écoles, dans les chaires des universités, dans les fauteuils des académies, l'Allemand ne s'y asseoira plus.

Ainsi, chacun est rentré chez soi désarmé, contraint, sous les yeux de l'ennemi attentif et intéressé, pour réparer en silence les désastres d'une guerre maudite.

III

Allons! braves enfants de la France, sortez de votre stupeur, secouez votre douleur, désarmez votre indignation. Le mal est fait, il s'agit de le réparer. Montrez ici maintenant votre force, votre courage, votre vertu. A l'œuvre, ouvriers! Ouvriers de la pensée, à la plume! Ouvriers de la matière, à l'outil!

Bravo! le bruit des marteaux et le cri des scies commencent à égayer l'atelier, l'usine se réveille au sifflet de la vapeur. Et le compas place en silence les points où doit s'arrêter l'équerre. L'équerre, elle marche librement en suivant la règle, et elle s'arrête là où le compas a marqué un point, jusqu'à ce que le crayon, docile opérateur, ait, en suivant son arrête, tracé la ligne voulue. Et lorsque, par les mains du dessinateur, le compas, la règle, l'équerre et le crayon ont successivement et selon leur rôle accompli leurs fonctions, le dessin est achevé. L'équerre, la règle, le compas et le crayon sont remis en place par la main. Or, une pensée était dans la tête qui a dirigé la main; et le dessin est l'expression de cette pensée; tout le reste a disparu, mais la pensée a pris sa forme; c'était l'essentiel. Qu'importent maintenant les instruments, ce qu'ils sont, la main, ce qu'elle fait, la tête, qui elle est. La pensée est fixée, sa forme est acquise. Le crayon, l'équerre, la règle, le compas ne se révoltent jamais contre la main, et aucun de ces instruments dociles ne prétend être supérieur à l'autre, mais chacun, grâce à la main bien dirigée par une tête bien organisée, concourt à la perpétration de l'œuvre.

Mais un vent funeste, ô France, souffle en germinal ! Pourquoi? Ventôse n'est plus. Et cependant une tempête furieuse s'est déchaînée tout à coup sur tes campagnes ravagées, sur tes cités dévastées. De quel vertige tes enfants sont-ils devenus la proie? Quelle folie a troublé les cerveaux de leurs chefs depuis, ô France, que tes enfants ont touché à la poudre noire?... Leurs visages sont noirs et leurs mains sont rouges.

IV

Mais voici, ô France folle, injuste et ingrate, de nouvelles calamités.

Elles fondent sur toi, les calamités présentes, par la main de tes propres enfants, et c'est ton châtiment. Tes enfants te punissent maintenant de les avoir faits ce qu'ils sont. Ce sont des enfants gâtés, les uns; des enfants oubliés, les autres.

Ils se disputent maintenant ton giron, ô France accablée, meurtrie et sanglante ! Ils s'égorgent sur ton sein déchiré, ô France belle, riche et féconde ! Et leur lutte fratricide déchire tes blessures, ô France, terre des prophètes !

Ce sont des enfants de colère et de terreur. Ils ont terreur de leur colère. Ils sont colères de leur terreur. Ils croient marcher droit, mais ils tournent. Ils croient s'élever, mais ils tombent. Ils croient se couvrir, mais ils se dépouillent. Ils sont fous !...

Tes enfants, ô France, ce sont des enfants fous et mal élevés, dira l'Eternel. Ils ne t'ont pas aimée, car tu ne leur as pas enseigné à t'aimer. Ils ne t'ont pas respectée, car tu ne leur as pas enseigné à te respecter. — Mais ils sont jaloux les uns de leurs priviléges, les autres de leurs droits. Tu n'as enseigné ni aux uns ni aux autres à remplir leurs devoirs, mais tu as dit aux privilégiés : *Jouissez en paix, vous, et laissez faire*. Et tu as dit aux autres : *Travaillez en silence, vous, et laissez faire.*

Mais l'homme de loisirs se lasse-t-il jamais de jouir et ne veut-il pas multiplier ses jouissances et les prolonger ? Mais l'homme de travail ne se lasse-t-il pas de travailler et ne veut-il pas diminuer son labeur et en voir le terme? Mais l'homme privilégié ne veut pas voir le terme de ses jouissances.

Or l'homme est ainsi fait, qu'il veut pour lui ce qu'il refuse aux autres. Il est injuste par instinct, c'est l'égoïsme naturel. L'homme désire ardemment les choses les moins désirables, c'est l'effet de son ignorance naturelle. Et il se lasse et se dégoûte des choses les meilleures, c'est manque de jugement.

C'est pourquoi il faut que l'homme soit instruit sur toutes choses. Et l'éducation de l'homme doit être faite de telle sorte qu'il aime à remplir ses devoirs. Et il faut qu'il connaisse ses devoirs, et il faut qu'il soit rendu capable de les remplir facilement et fidèlement sans se nuire. Et il pourra alors jouir de la plénitude de ses droits sans nuire à personne.

Mais, toi, ô France, dira l'Eternel, toi qui as méconnu tes devoirs envers tes propres enfants, pouvais-tu leur

enseigner leurs devoirs envers toi-même? Pouvais tu
leur enseigner les devoirs des uns envers les autres? Pouvais-tu leur enseigner leurs devoirs envers eux-mêmes?

Tu t'es déchargée de ce soin comme une petite-maman
folle de chiffons et de colifichets, folle de joies et de
plaisirs, folle de musique et de spectacles, folle de festins
et de fêtes, folle d'intrigues et d'aventures. Et tu as
chargé de l'éducation morale de tes enfants, ô France in-
conséquente, des hommes que tu crois connaître mais qui
en réalité te sont inconnus. Mais ils sont vêtus de noir,
leur maintien est décent, leur extérieur est austère,
ils marchent silencieux, ils savent être sévères et indul-
gents, inflexibles et doux; mais les vois-tu arrogants
et soumis, toujours partout et jamais nulle part, pau-
vres et maîtres de tout, ils ne sont ni époux, ni pères, ni
citoyens, et il semble qu'ils n'aient jamais eu ni père ni
mère.

Voilà, dira l'Eternel, ton péché capital, il est ancien
déjà. Mais tu es tombée dans d'autres péchés depuis. Et
tu as péché contre tes enfants, contre les uns et contre les
autres. Car ta tendresse est sur tes enfants gâtés et ta sé-
vérité tombe sur tes enfants oubliés. Et la justice te com-
mande d'être sévère et tendre aux uns comme aux autres.
Ils sont tes enfants. Et tu as péché contre le droit des
cités, et tu as été injuste contre la grande cité, contre ta
capitale, tu lui as arraché sa couronne.

En quoi fut-elle indigne? dira l'Eternel; pourquoi t'es-
tu retirée de ta cité? ne s'est-elle point levée pour ta défense? n'a-t-elle pas fabriqué des armes et fourni des
hommes? n'a-t-elle point enduré la faim, n'a-t-elle point
reçu son baptême de feu? Son crime à tes yeux serait-il
d'avoir voulu résister à ton ennemie, ô France abusée?

Mais tu t'es retirée de la grande cité. Tu as été ingrate envers elle et tu l'as reniée.

Et maintenant que tu t'es retirée d'elle, par quelle porte prétends-tu donc y rentrer?

J'étendrai ma main sur elle et sur toi, dit l'Eternel, et ma loi s'accomplira.

C'EST DIT ET ÉCRIT AINSI.

Le soleil monte toujours en sa course, il passe du Bélier au Taureau. La lune est nouvelle, et floréal commence.

Le canon tonne et la mitraille éclate en grêlons· meurtriers. Les arbres des avenues sont brisés, les maisons s'écroulent, et le sang coule.

L'Eternel est immuable, ses lois sont inévitables, et la parole des prophètes restera.

Imprimé par Ch. Noblet, rue Soufflot, 18

V.

Or voici : la loi de l'Éternel, elle s'accomplit.

Mais Jérémie, où donc s'est-il retiré ? Il est au fond de sa grotte, le prophète affligé. Morne et silencieux, il est accroupi, la tête dans ses mains, il pleure. Sa plume est brisée ; il pleure, Jérémie, des larmes brûlantes et amères, elles sont de l'eau, l'eau de son sang.

La patrie est en deuil, un voile funèbre l'enveloppe comme un noir linceul, sa tête est couverte de cendres. Elle pleure, la patrie, ses larmes sont de sang. C'est le sang de ses enfants ; ils s'égorgent.

La fatale poudre noire laissée au foyer de la Patrie a rempli sa mission infernale de mort et de destruction.

Les explosions de la poudre noire n'ont-elles pas renversé les temples ? Les temples de la justice, des sciences et des arts, de l'industrie et du commerce ; les temples de l'honneur national, les temples de la fortune publique. Tout dans la grande cité n'est-il pas atteint, menacé ou détruit par les explosions soudaines de la poudre noire ?

La poudre noire, dans l'accomplissement de son action de ruiner et de détruire, a-t-elle donc respecté les temples des croyants plus que ceux des savants ? La poudre noire a-t-elle seulement épargné l'humble toit de l'artisan et son modeste mobilier, tandis qu'elle ruinait l'hôtel du riche et pulvérisait ses trésors ? A-t-elle ménagé l'atelier de l'artiste et ses œuvres chéries ? Le cabinet du pacifique savant, ses livres respectables, ses chers manuscrits, fruits de ses laborieuses recherches, de ses profondes méditations, ont-ils, avec les précieuses collections du curieux, trouvé grâce devant sa brutale action? S'est-elle du moins arrêtée devant le seuil du pauvre? Son grabat, l'outil de l'ouvrier, le gagne-pain quotidien du prolétaire sans lendemain, ont-ils échappé à ses ravages insensés, criminels, horribles? Non! La poudre noire a frappé tout, et, ô horreur! comme avec choix, les maisons des particuliers, les usines des industriels, les dépôts de subsistances, les magasins, les entrepôts, les halles et les gares des chemins de fer et les boutiques des marchands.

Mais a-t-elle, la poudre noire, après cela, épargné les femmes, les enfants, les vieillards plus que les hommes mûrs et les hommes jeunes? Non, rien. Non, personne. Elle a tout atteint, tout frappé. Tous, actifs ou passifs, défensifs ou offensifs, sincères ou traîtres, fanatiques ou salariés, entraînés ou forcés; tous, égarés hors des voies de l'Éternel, fermant les yeux à la lumière ou cherchant la vérité là où elle n'est pas, ou gémissant en silence des maux qu'ils ne pouvaient conjurer; tous, dans la grande cité désertée de la France affolée, ont été ou menacés ou frappés des coups mortels de l'infernale poudre noire.

Elle a fait son acte maudit la poudre noire; maudite elle est, et ceux qui l'ont maniée seront *noirs devan l'Éternel.*

On n'entend plus les lugubres éclats du clairon, sonnant en cadence la marche des convois funéraires... Là où l'ennemi devait trouver son tombeau, la terre du fossé est retombée sur les cadavres sanglants de ceux qui peut-être ont cru mourir pour la patrie.... Maudite erreur! Et, tandis que le silence de la nuit est inopinément troublé par de sèches détonations sans écho, la vapeur entraîne au loin un navire chargé d'êtres humains. C'est la justice de l'état de siége qui passe.

Et maintenant, le jour, les enfants reprennent leurs jeux. Ils sont imitateurs, les enfants, singes et perroquets, ils parodient sans comprendre ; mais ils s'habituent vite. Prends garde, ô France !

Tu les as vus, tu les as entendus au commencement, lorsque les citoyens s'armaient pour ta défense. Les enfants alors jouaient à la guerre et ils criaient : Rends-toi, Prussien ! rends-toi, nous, bons Français, les peuples sont frères...

Les vois-tu aujourd'hui les enfants, les entends-tu ? au milieu des pavés bouleversés, à quels jeux jouent-ils ? Ils crient de leurs voix argentines, qu'ils veulent rendre terribles : Rends-toi ! rends-toi, misérable ! Non, non, pas de quartier ! à mort !..... Prends garde, ô France, les enfants sont imitateurs, singes et perroquets, ils parodient sans comprendre. Les enfants sont les miroirs de leurs mères, les échos de leurs pères !...

Mais, qu'est donc cette neige noire qui du haut des airs tombe lentement au loin sur les banlieues désertes ? Ce sont les feuillets carbonisés des archives de la science et de l'art, des archives de l'honneur national et de la sécurité publique, des archives des services de l'État et de la fortune des particuliers. Cette neige noire, qui tombe en silence sur nos toits et dans nos rues, dans les jardins et au loin où la porte le vent, c'est la mort ! La mort née de la trahison et du crime, du désespoir et de la rage, elle enfante le deuil et la misère. Cette neige noire, c'est la mort qui de la cité reine meurtrie, abattue, délaissée, trahie, s'envole et s'abat alentour sur ses sœurs, les cités consternées !...

VI.

Dans ce temps-là, l'Éternel dira à Jérémie : « Lève-toi et marche, regarde et entends, et tu écriras ce que tu auras vu et entendu. » Et Jérémie obéira.

Et voici : le prophète a obéi, sa parole est âpre, il dit :

L'Éternel est vérité, justice et science.

L'Éternel est science, il sait tout, il sait quoi est le bien, il sait quoi est le mal, il sait le remède au mal, il sait comment le bien peut être fait. Le bien se fait dans les voies de l'Éternel, elles sont droites. Le mal se rencontre en dehors des voies droites. C'est pourquoi il est écrit : *Le juste marche dans les voies de l'Éternel;* mais l'homme qui marche en dehors des voies de l'Éternel fait le mal et rencontre le mal.

L'Éternel est vérité, il éclaire les consciences, il dissipe les erreurs de l'imagination, il foudroie les fantômes de l'ignorance, et il confond les artifices du mensonge.

L'Éternel est justice et ses voies sont droites, il punit le pécheur par son péché et le criminel par son crime; mais l'insensé qui fuit les voies de l'Éternel et refuse d'y entrer, trouve le châtiment dans son erreur et dans ses méprises.

L'Éternel aime le repentir, il secourt le repentant. Il le rappelle dans ses voies et le soutient. Et le repentant sincère trouve dans les voies de vérité, de justice et de science, la paix et le bonheur qu'il a vainement cherchés en dehors de ces voies. Car, en vérité, la justice de l'Éternel se manifeste dans sa miséricorde comme dans le châtiment.

Et il est dit aussi : Malheur à l'homme qui n'aime pas la vérité, malheur à l'ignorant qui ne pratique pas la justice. Il ne peut connaître la vérité, car il est ignorant. Il ne peut être juste, car il ne sait point reconnaître la vérité. Et la justice qu'il blesse dans ses actes se retournera contre lui. Le sang d'Abel a jailli à la face de Caïn. Le sang de l'innocent retombera sur le meurtrier.

Et le prophète, s'étant levé, il a marché ; il a marché par les rues de la cité. Et les pavés des rues étaient soulevés, ils étaient amoncelés et ils obstruaient les entrées. Et il y avait là des monticules sans formes, là des barricades construites avec art, et partout des fondrières. L'eau pure de la pluie du ciel s'y était mêlée à la boue de la terre. Et maintenant, bourbeuse et puante, elle se répand en ruisseaux incertains.

Mais quoi donc a rougi ces eaux qui coulent honteuses le long des trottoirs bouleversés ? C'est le sang des cadavres des uns et des autres. Les habitants naguère parcouraient les rues, allant les uns à leurs plaisirs, les autres à leurs travaux. Leurs cadavres maintenant jonchent les rues ; ils sont ensevelis sous les décombres de leurs maisons incendiées, de leurs ateliers démolis ou sous les ruines, encore fumantes, des magnifiques édifices, épaves de leur trompeuse splendeur. Les cadavres attendent la sépulture, les blessés attendent la mort, et les vaincus ils la reçoivent.

Mais qui donc donne à tous la mort ? C'est, ô France, l'explosion de la poudre noire laissée à ton foyer par ton implacable ennemie. C'est la liqueur du mystérieux flacon qui les a rendus fous ; elle en a fait des Caïns.

VII.

Quoi donc dans la grande cité, quoi?

La loi de l'Éternel s'est accomplie. N'a-t-il pas été écrit ceci :

« En quoi fut-elle indigne? dira l'Éternel, pourquoi
« t'es-tu retirée de ta cité, ô France! ne s'est-elle pas
« levée pour ta défense? N'a-t-elle pas fabriqué des
« armes et fourni des hommes? N'a-t-elle point enduré
« la faim, n'a-t-elle point reçu son baptême de feu? Se-
« rait-ce un crime à tes yeux d'avoir voulu résister à ton
« ennemie?

« Mais tu t'es retirée de la grande cité, ô France abu-
« sée, tu as été ingrate envers elle et tu l'as reniée. Et
« maintenant que tu t'es retirée d'elle, par quelle porte
« prétends-tu y rentrer? J'étendrai ma main sur elle et
« sur toi, dit l'Éternel, et ma loi s'accomplira. »

Ainsi l'avait écrit le prophète. Et la loi de l'Éternel a été accomplie. Car quiconque transgresse la loi est certainement atteint par elle. Et la loi de l'Éternel est inflexible et les transgresseurs tombent tôt ou tard sous ses coups inévitables.

Voici : Des pervers et des ennemis masqués s'étaient mêlés aux hommes crédules, ils les ont égarés. Les intérêts s'étaient émus, les passions ont été excitées et les conseils de la colère ont prévalu ; la sagesse avait abandonné ceux qui oubliaient leurs devoirs pour leurs droits. En vain les hommes de vérité, de justice et de paix ont élevé leurs voix conciliantes, on ne voulut pas les entendre, on ne pouvait les comprendre. Ceux qui menaient les aveugles avaient si bien fait pour le mal que ceux qui parlaient de conciliation furent bientôt suspects aux uns et aux autres.

Personne ne pouvait s'entendre, chacun revendiquant pour soi la légalité, la légitimité du droit contesté, méconnu, violé.

Et voilà, ils se cramponnent.tous à des mots dont ils ne comprennent pas le sens. Et ils invoquent tous des principes sur lesquels ils ne savent rien établir de solide ni de durable.

Un monument d'une souveraine légitimité et d'une légalité parfaite n'avait-il pas été érigé en 1848 ? Ce n'était pas l'œuvre d'un architecte. Il n'était pas un monument bâti de pierre et de bronze par des maçons et décoré par des sculpteurs et des fondeurs de métaux. Ces monuments-là, on dit qu'ils sont impérissables. Et, comme ils ne sont pas gênants et n'obligent à rien, on les respecte jusqu'au jour de la colère.

Mais le monument de 1848 n'était pas un monument de ce genre.

Neuf cents hommes librement choisis dans tous les rangs, dans toutes les classes par l'universalité des citoyens, furent les artisans de cette œuvre chère à tous alors, et qui aurait dû être sacrée pour tous. Et ces neuf cents hommes, ils étaient tous distingués par leurs lumières et leurs talents, tous recommandables par leurs caractères. Ils ont travaillé tous avec ardeur, avec dévouement, à cette œuvre qui devait assurer à toi, ô France, la puissance, la grandeur et le respect des nations. Cette œuvre, elle devait, par les institutions fécondes qu'elle renfermait en elle, donner à tes enfants et la liberté, et la paix avec le monde.

Et cette œuvre, ce monument, c'était ce qu'on appelle

une constitution. Elle était républicaine, elle était démocratique. Elle définissait les pouvoirs, elle réglait les attributions. Elle précisait et limitait par des lois l'action de l'administration et assurait le contrôle de ses actes. Et mettant la loi au-dessus de tout, elle ne laissait point de liberté à l'arbitraire. La bonne foi des uns et le patriotisme des autres devaient la protéger contre les manœuvres coupables de la ruse et les violences criminelles de l'audace.

Mais une constitution élastique, qui se prête ainsi aux fluctuations des opinions, est-elle sans danger? Mais elle se prête aussi aux difficultés des circonstances. Et le gouvernement impersonnel responsable et révocable qu'elle fonde n'est pas sujet aux infirmités des gouvernements personnels. Et cela, ô France! tes enfants ne l'ont pas compris. Cependant sur les neuf cents qui y avaient travaillé, huit cent quatre-vingt-seize l'ont votée et le pays entier l'a adoptée. Si elle n'était pas parfaite, ô France, ne portait-elle pas en elle le remède? Elle était perfectible, puisqu'elle s'était déclarée modifiable.

Qu'y avait-il donc à faire, lorsque fut tombé à Sedan le triste audacieux qui, mis à la tête du pays au nom de la Constitution, l'ayant un jour violée, osa, sous le tranchant de son sabre sanglant, appeler le peuple à sanctionner le crime du gardien infidèle? Qu'y avait-il donc à faire pour rentrer dans la légalité, dont on était violemment sorti et en dehors de laquelle on avait été frauduleusement maintenu?

Ce qu'il y avait à faire, c'était de remettre en vigueu a Constitution de 1848. Faisant ainsi, on eût appris aux futurs violateurs des constitutions secrètement méditées qu'une loi violée n'est pas une loi morte. Car le fait accompli criminellement doit s'évanouir devant la loi qui surgit. Cela est moral.

Mais la femme adultère était encore prosternée, et il ne se trouvait là personne qui fût sans péché pour lui jeter la première pierre. « *Allez, et ne péchez plus,* » dit le Seigneur. Mais, il y a encore des femmes adultères. Et, en vérité, il y en aura toujours jusqu'à ce que les hommes soient sans péchés.

VIII.

Mais le péché est cher au pécheur, et il lui est fidèle. Il s'attache à lui comme le lierre à l'arbre qui le supporte. Le péché enveloppe le pécheur et l'étreint comme le serpent enlace en ses nœuds la proie qu'il dévore. Ainsi s'engloutissent lentement dans le péché les hommes et les nations qui s'abandonnent à ses fascinations.

Arrache-toi donc, ô France, des étreintes sanglantes du péché de colère. Il engendre les ruines et la terreur, et les défiances stupides, et les lâches délations, et les vengeances cruelles. Elles s'engendrent les unes des autres.

Dérobe-toi donc, ô France, aux enlacements perfides et enivrants du sensualisme délicat. Arrache-toi des griffes du sensualisme grossier. Pieuvres ou sirènes, ce sont des monstres.

Abandonne tes fausses doctrines, écarte tes croyances douteuses, délivre-toi de tes préjugés, cherche l'origine de tes idées, critique la valeur des opinions, et reconnais enfin ton ignorance, ô France. Mais secoue ta paresse, ne prête plus une oreille complaisante à ta vanité.

Redoute ta présomption, tempère tes impatiences. Étudie
tes faiblesses ; mais retrouve ta fierté. Cherche ta force,
reprends ton courage et marche vers la lumière, au lieu
de t'incliner dans les ténèbres de ton intelligence, obscurcie par une foi sourde, aveugle, impuissante, qui ne
peut conseiller que la résignation, quand elle ne com-
mande pas la colère, au lieu de t'incliner dans les ténèbres de ton intelligence obscurcie par des doctrines men-
songères propagées sans pudeur, acceptées sans examen
et défendues avec acharnement. Elles autorisent les ambitions, produisent des rêves chimériques dont le réveil
est misère et ignorance, colère et impuissance, abandon,
prostration, et finirait par la servitude et l'esclavage, si
les vaillants n'étaient pas là qui veillent et qui combat-
tent.

Regarde-toi, ô France, regarde l'Europe jalouse.
A ses yeux, tu es féroce et hargneuse, pauvre France
méconnue, toi qui ne peux supporter la honte, pauvre
France sans haine et qu'on hait parce que tu es et seras
toujours la France.

En vérité, tu seras régénérée, ô France, mais veille
sur tes enfants. Moralise-les et instruis-les, car ils sont
ignorants, superstitieux et idolâtres. Et, à un moment donné, fanatiques, furieux, ils renouvellent sans
le savoir les scènes les plus atroces et les plus sanglantes des siècles de barbarie, avec cette différence
que le mot est changé et que les formidables moyens que
la science a mis aux mains des hommes dans les temps
modernes, sont mis en jeu avec une effroyable sérénité
de conscience. Elles fonctionnent, les machines, avec une
précision que n'égale pas même l'implacable fureur qui
les met en jeu !

Et le progrès étant sur toutes choses dans les temps modernes, la colère et l'acharnement ont produit des désastres incomparables. Et la barbarie des temps modernes a vaincu dans ses excès et dans ses dévastations la barbarie des temps anciens. Mais chaque chose, tout, chaque vice comme chaque vertu, tout a pris une forme nouvelle ; et la férocité elle-même dans ses allures modernes n'est plus aujourd'hui reconnaissable que de dos. La férocité, vieille hideur des peuplades sauvages, endormie seulement par les mœurs des sociétés modernes, s'est réveillée subitement aux hurlements de la colère !...

Mais qu'elle est terrible en ses effets la colère aveugle d'un peuple rendu furieux ! Vit-on jamais le tigre tourner contre lui-même ses griffes aiguës, et, furieux, bondir et s'élancer contre les rochers immobiles et y briser ses dents meurtrières ? Le taureau, irrité par un insecte invisible, beugle, il bat ses flancs de sa queue, il frappe la terre de ses cornes et tombe enfin épuisé de rage et de vains efforts.

Mais le peuple, quand l'invisible mouche, son ennemie, s'acharne après lui ! oh ! le peuple, il est terrible, rien n'égale sa rage, rien n'est plus effrayant que son égarement, nul ne peut calculer le nombre et l'étendue des maux qui l'accableront ensuite. Rien non plus n'égalera peut-être l'héroïsme avec lequel il les supportera, la constance avec laquelle il travaillera à relever ses ruines, l'ardeur qu'il mettra à se régénérer. Car le peuple, c'est tous, tous sans en excepter un seul. A tous donc comme à chacun le devoir !

Car, en vérité, sans le devoir point de droit garanti.

Mais ceux-là qui parlent au peuple de droits sans lui montrer ses devoirs, ils l'égarent. Et ceux-là qui lui parlent de devoirs sans reconnaître ses droits, ils le trompent, ils le dépouillent.

Les Uns et les Autres seront jugés par l'Éternel, il dira leurs noms, et ils seront marqués.

IX.

En vérité, en vérité, ô France, tes enfants sont idolâtres, et l'idolâtrie est leur péché capital.

Voici : La chute violente d'un monument construit de pierres et de bronze l'émeut plus que le renversement d'une institution, que la violation d'une loi, que l'oubli d'un principe.

Ils ont dans un moment de colère renversé la Colonne ! Qui ? Les autres, poussés par qui ? par les ennemis déguisés. Ceux-là, ils ont continué à l'intérieur le bombardement impuissant de l'ennemi avoué, arrêté à l'extérieur.

Et la Colonne, ridiculement secouée en 1814, tomba presque sans fracas sous quelques efforts savamment calculés, méthodiquement appliqués. L'algèbre s'était substituée à la rage impuissante. La science, appliquée à la dévastation, devait là aussi triompher sur la sauvagerie et la barbarie ! Qui donc applaudissait, en secret ? Mais chacun put contempler en silence la Colonne disloquée qui gisait sur les pavés écrasés.

Mais quoi la Colonne ? Un monument de gloire pour France victorieuse alors sur l'Allemagne ; un monument de honte et de douleur pour cette nation vaincue et divisée ; une provocation permanente à la vengeance de ses dé-

faites, à la réparation de ses pertes, à l'effacemen de
:humiliations.

L'Éternel dira un jour : Qui a poussé des mains fran-
çaises à renverser, le lendemain de la défaite, la colonne
que la France victorieuse pouvait noblement sacrifier à
la paix et à la concorde ? Mais la Colonne est tombée.
Quelques jeunes soldats de ces temps qui ne sont plus,
vieux maintenant, venaient là, un certain jour, déposer
des couronnes d'immortelles. C'est de l'idolâtrie. Mais
ton peuple est ainsi, et ceux qui ne sont point idolâtres
déplorent chez ceux-ci un tel sentiment, mais ils le
respectent.

Tout soldat aussi est idolâtre. Les jeunes suivent les
vieux et les imitent, c'est ainsi. Et la chute de l'idole
exaspère l'idolâtre, même celui qui aurait oublié l'idole.
Le prophète a entendu de jeunes soldats disant ceci :
*Ceux qui ont renversé la Colonne, ce n'est pas fusillés
qu'ils méritent d'être, c'est écartelés.* Et le prophète s'est
éloigné sans s'étonner de ce vœu de piété. Elle était
naïvement féroce cette piété de jeunes soldats. Et pourtant, le piédestal de la Colonne ne s'élève pas à la hau-
teur d'un principe, il n'en a pas la solidité. La Colonne,
ce n'est pas une loi, ce n'est pas une constitution ; c'est
l'image d'un souvenir. Un souvenir s'efface-t-il plus
facilement qu'une colonne ne s'abat ?

Mais il y a des hommes qui ont faussé les principes,
éludé les lois, renversé les institutions et violé les constitutions. Ils l'ont fait à leur profit, avec succès et impu-
nément. Ils l'ont fait à la grande confusion de la morale
publique, au grand détriment du peuple et pour le malheur du pays. Mais ils n'ont pas effacé les souvenirs des
cœurs, ni détruit le germe des idées fécondes.

Tous tes enfants, ô France, ne sont pas idolâtres, et pendant que d'aucuns s'acharnent entre eux, soit contre ceux qui élèvent les monuments de pierre et de bronze, soit contre ceux qui les renversent, d'autres, qui savent bien qu'on relèvera la Colonne, se demandent cependant si on relèvera la constitution de 1848. En attendant, ils travaillent sans relâche à faire triompher les principes de vérité et de justice sur lesquels se fonde la paix. Ceux-là, comme Marie, *ont choisi la meilleure part, elle ne leur sera point ôtée.*

Ainsi a dit le prophète. C'est écrit.

Et la parole s'accomplira, comme elle s'est accomplie déjà.

20 juin 1871, 1er messidor an 79, Solstice d'été.

Le soleil est au haut de sa course, on voit la face des méchants.

Jérémie avait dit la vérité aux Uns et aux Autres. Il fut lapidé aux portes de la ville.

Imprimé par Ch. Noblet, rue Soufflot, 18.